寅恪
陳寅恪印

陳寅恪集

# 讀書札記二集

生活·讀書·新知三聯書店

**圖書在版編目（CIP）數據**

陳寅恪集．讀書札記二集／陳寅恪著．—3 版．—北京：
生活 · 讀書 · 新知三聯書店，2015.7（2021.7 重印）
ISBN 978－7－108－05408－1

Ⅰ．①陳…　Ⅱ．①陳…　Ⅲ．①陳寅恪（1890 ～ 1969）－文集
②中國歷史－史籍研究－文集　Ⅳ．① C52　② K204－53

中國版本圖書館 CIP 數據核字（2015）第 131977 號

封面所用拓片文字節自一九二九年立於清華大學內
王國維紀念碑碑銘（陳寅恪撰文，林志鈞書丹）

陳寅恪集編者　陳美延
責任編輯　孫曉林　潘振平
封扉設計　陸智昌
版式設計　寧成春
責任印制　董歡
出版發行　生活·讀書·新知　三聯書店
（北京市東城區美術館東街二十二號）
郵編　一〇〇〇一〇
經銷　新華書店
印刷　北京新華印刷有限公司
版次　二〇〇一年九月北京第一版
二〇〇九年九月北京第二版
二〇一五年七月北京第三版
二〇二一年七月北京第十次印刷
開本　六三五毫米×九六五毫米　十六開
印數　三五，五〇一－四〇，五〇〇冊
字數　一九四千字　印張　二十·二五
定價　八十二元

# 出版説明

陳寅恪(一八九〇——一九六九)，江西修水人。早年留學日本及歐美，先後就讀於德國柏林大學、瑞士蘇黎世大學、法國巴黎高等政治學校和美國哈佛大學。一九二五年受聘清華學校研究院導師，回國任教。後任清華大學中文、歷史系合聘教授，兼任中央研究院理事、歷史語言研究所研究員、第一組主任及故宮博物院理事等，其後當選為中央研究院院士。一九三七年「蘆溝橋事變」後挈全家離北平南行，先後任教於西南聯合大學、香港大學、廣西大學和燕京大學。一九四四年被選為英國科學院通訊院士。一九四二年後為教育部聘任教授。一九四六年回清華大學任教。一九四八年南遷廣州，任嶺南大學教授，一九五二年後為中山大學教授。一九五五年後并為中國科學院哲學社會科學學部委員。

陳寅恪集十三種十四册，收入了現在所能找到的作者全部著述。其中寒柳堂集、金明館叢稿初編、金明館叢稿二編、隋唐制度淵源略論稿、唐代政治史述論稿、元白詩箋證稿、柳如是別傳七種，八十年代曾由上海古籍出版社出版。此次出版以上海古籍版為底本（隋唐制度淵源略論稿、唐代政治史述論稿二書原據三聯書店一九五七年版重印），內容基本不變。惟寒柳堂集增補了「寒柳堂記夢未定稿（補）」一文。詩集（原名陳寅恪詩集附唐篔詩存）和讀書札記一集（原名陳寅恪讀書札記舊唐書新唐書之部）八九十年代分別由清華大學出版社和上海古籍出版社出版，此次出版均有增補。書信集、讀書札記二集、讀書札記三集、講義及雜稿四種均為新輯。全書編輯體例如下：

一、所收內容，已發表的均保持發表時的原貌。經作者修改過的論著，則採用最後的修改本。未刊稿主要依據作者手跡錄出。

二、本集所收已刊、未刊著述均予校訂，凡體例不一或訛脫倒衍文字皆作改正。引文一般依現行點校本校核，如二十四史、資治通鑑等。尚無點校本行世的史籍史料，大多依通行本校核。少量作者批語、論述係針對原版本而來，則引文原貌酌情予以保留。以上改動均不出校記。

三、凡已刊論文、序跋、書信等均附初次發表之刊物及時間，未刊文稿盡量注明寫作時間。

四、根據作者生前願望，全書採用繁體字豎排。人名、地名、書名均不加符號注明。一般採用通行字，保留少數異體字。引文中凡為閱讀之便而補入被略去的內容時，補入文字加〔 〕，凡屬作者說明性文字則加（ ）。原稿不易辨識的文字以□示之。

陳寅恪集的出版曾得到季羨林、周一良、李慎之先生的指點，並獲得海內外學術文化界人士的熱情相助。在此，謹向所有關心、支持和參與了此項工作的朋友表示衷心的感謝，並誠懇地希望廣大讀者批評指正。

生活·讀書·新知三聯書店二〇〇〇年十二月

# 陳寅恪集總目

寒柳堂集
金明館叢稿初編
金明館叢稿二編
隋唐制度淵源略論稿
唐代政治史述論稿
元白詩箋證稿
柳如是別傳
詩集附唐篔詩存
書信集
讀書札記一集
讀書札記二集
讀書札記三集
講義及雜稿

一九三九年暑假於香港

陳寅恪與家人陪散原老人游北平中山公園

一九三五年暑假

前排左起：寅恪、唐篔、張夢莊（封懷妻）、喻婉芬（隆恪妻）、小從（隆恪女）、流求（寅恪長女）、小彭（寅恪次女）、封猶（衡恪六子）、黃國巽（衡恪妻）、賀黔雲（登恪妻）

後排左起：散原老人、登恪（八弟）、隆恪（五兄）、封雄（衡恪三子）

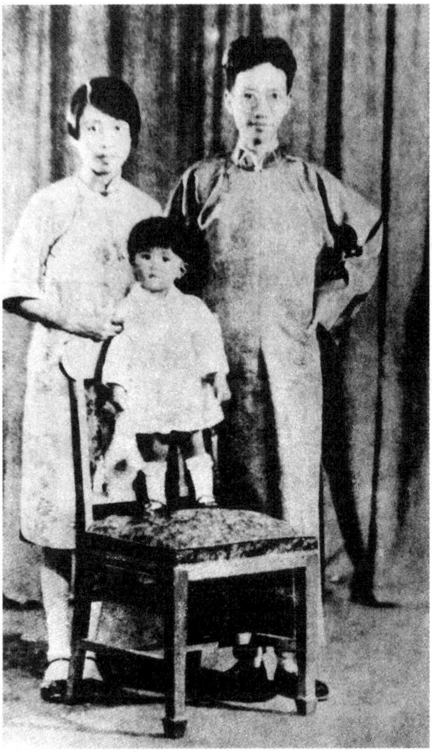

陳寅恪夫婦與長女流求（周歲）攝於北平
一九三〇年

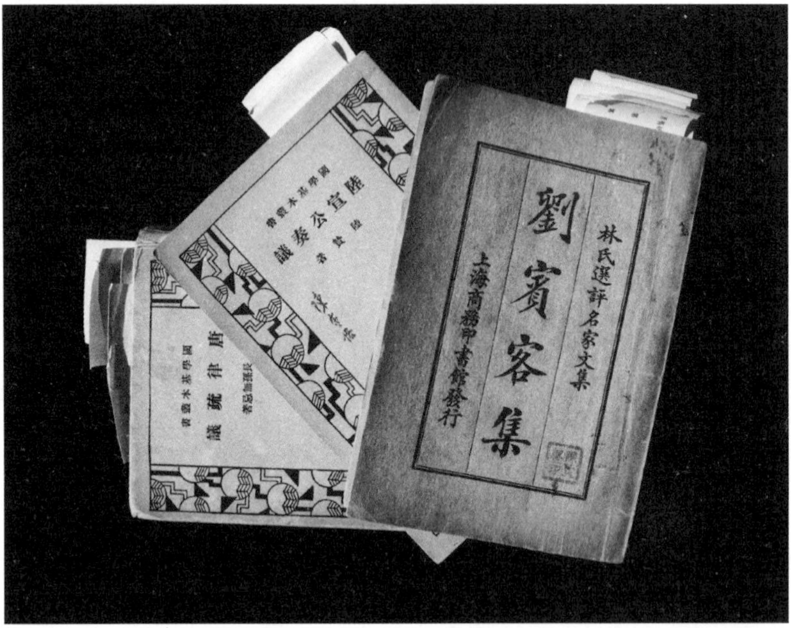


陳寅恪批校之劉賓客集、陸宣公奏議、唐律疏議

陳寅恪批校之沙州文錄、沖虛至德真經、人物志、酉陽雜俎等書

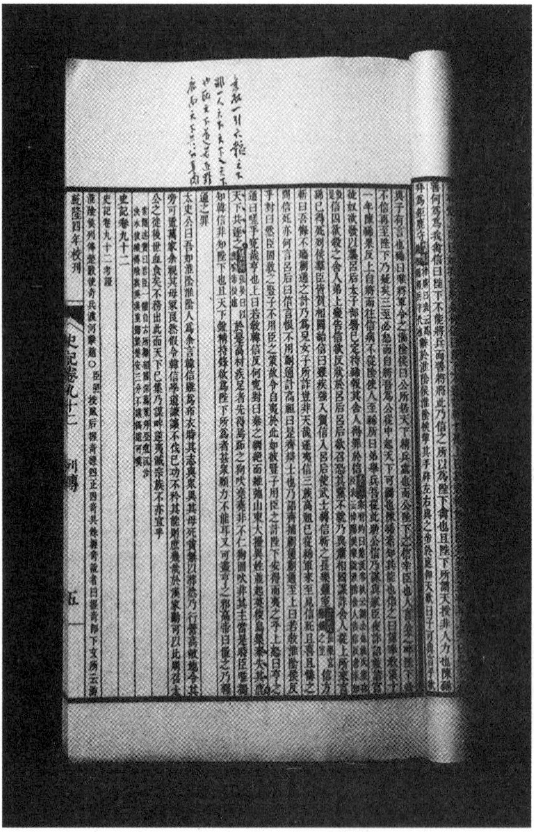

陳寅恪寫有批語之史記

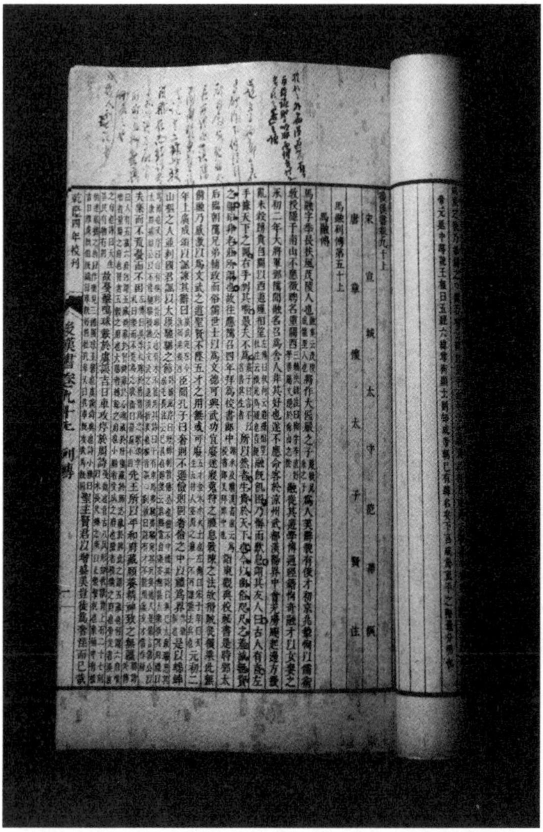

陳寅恪寫有批語之後漢書

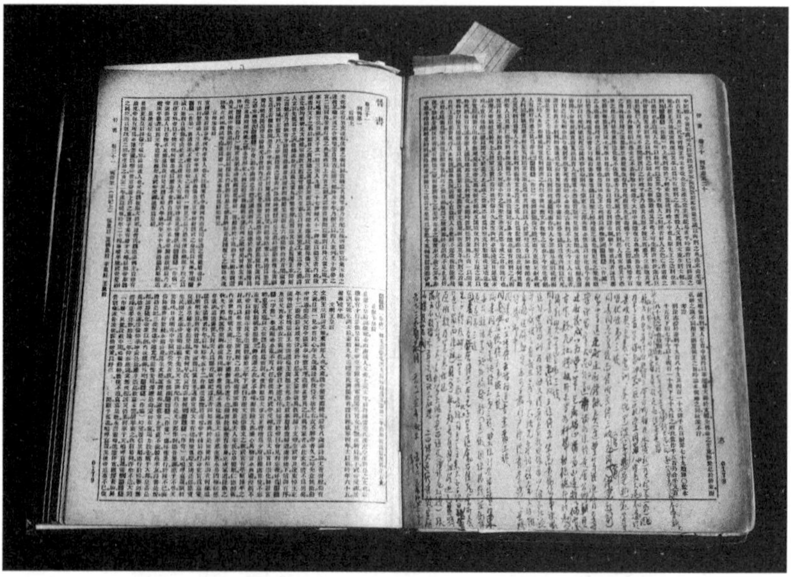

陳寅恪寫有批語之晉書

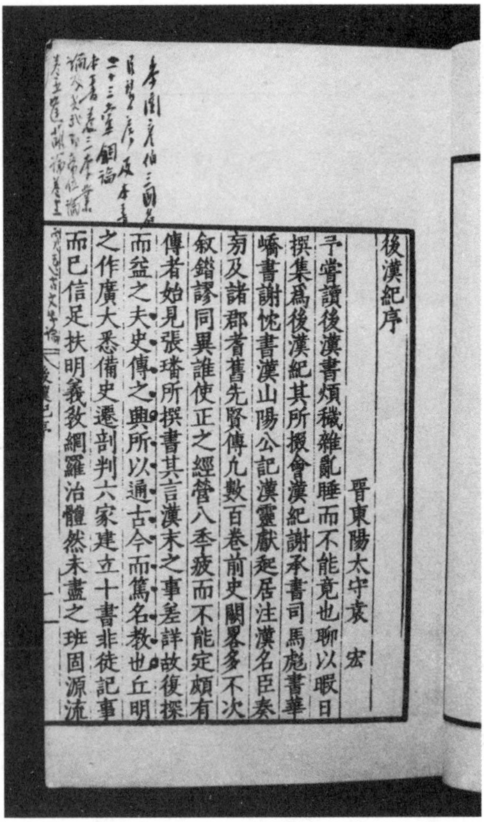
後漢紀序

晉東陽太守袁　宏

予嘗讀後漢書煩穢雜亂睡而不能竟也聊以暇日撰集爲後漢紀其所援會漢紀謝承書司馬彪書華嶠書謝忱書漢山陽公記漢靈獻起居注漢名臣奏旁及諸郡耆舊先賢傳凡數百卷前史闕畧多不次敘錯謬同異誰使正之經營八季疲而不能定頗有傳者始見張璠所撰書其言漢末之事差詳故復探而益之夫史傳之興所以通古今而篤名教也丘明之作廣大悉備史遷剖判六家建立十書非徒記事而已信足扶明義教網羅治體然未盡之班固源流

陳寅恪寫有批語之後漢紀

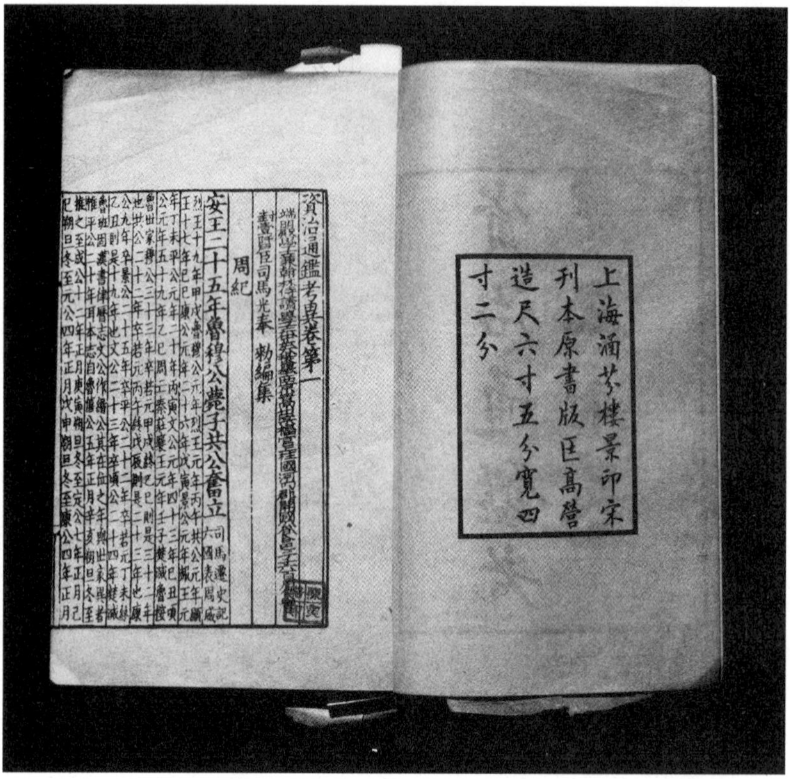


陳寅恪批校之資治通鑑考異

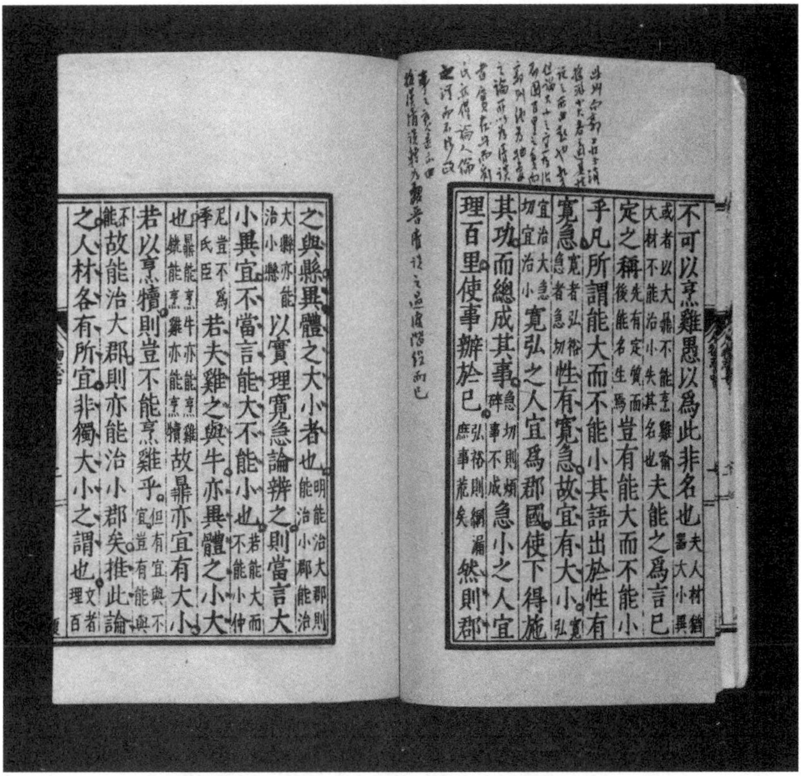
不可以烹雞愚以爲此非名也（夫人材猶器大小異）
（或者以大鼎不能烹雞喻大材不能治小失其名也）夫能之爲言已
定之稱（先有定質而後能名生焉）豈有能大而不能小
乎凡所謂能大而不能小其語出於性有
寬急（寬者弘裕急者急切）性有寬急故宜有大小（寬弘
宜治大急切宜治小）寬弘之人宜爲郡國使下得施
其功而總成其事（急切則煩碎事不成）急小之人宜
理百里使事辦於已（弘裕則網漏庶事荒矣）然則郡
之與縣異體之大小者也（明能治大郡則能治小郡能治大
縣亦能治小縣）以實理寬急論辨之則當言大
小異宜不當言能大不能小也（若能大而不能小仲
尼豈不爲季氏臣）若夫雞之與牛亦異體之小大
也（鼎能烹牛亦能烹雞鑊能烹雞亦能烹犢）故鼎亦宜有大小
若以烹犢則豈不能烹雞乎（但有宜與不宜豈有能與不
能）故能治大郡則亦能治小郡矣推此論
之人材各有所宜非獨大小之謂也（文者理百

陳寅恪寫有批語之人物志

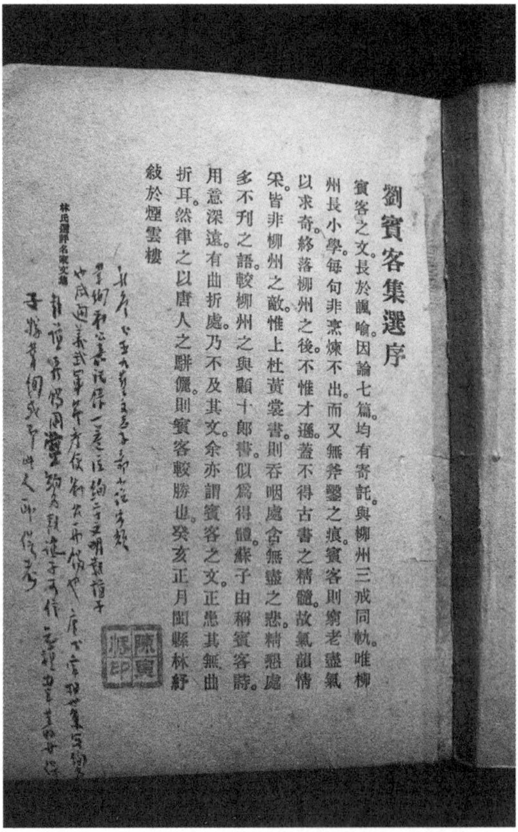
劉賓客集選序

賓客之文。長於諷喻。因論七篇。均有寄託。與柳州三戒同軌。唯柳州長小學。每句非烹煉不出。而又無斧鑿之痕。賓客則窮老盡氣以求奇。終落柳州之後。不惟才遜。蓋不得古書之精髓。故氣韻情采。皆非柳州之敵。惟上杜黃裳書。則吞咽處含無盡之悲。精悍處多不刋之語。較柳州之與顧十郎書。似爲得體。蘇子由稱賓客詩。用意深遠。有曲折處。乃不及其文。余亦謂賓客之文。正患其無曲折耳。然律之以唐人之駢儷。則賓客較勝也。癸亥正月閩縣林紓敍於煙雲樓

林氏選評名家文編



陳寅恪寫有批語之劉賓客集

陳寅恪批校之唐人小說

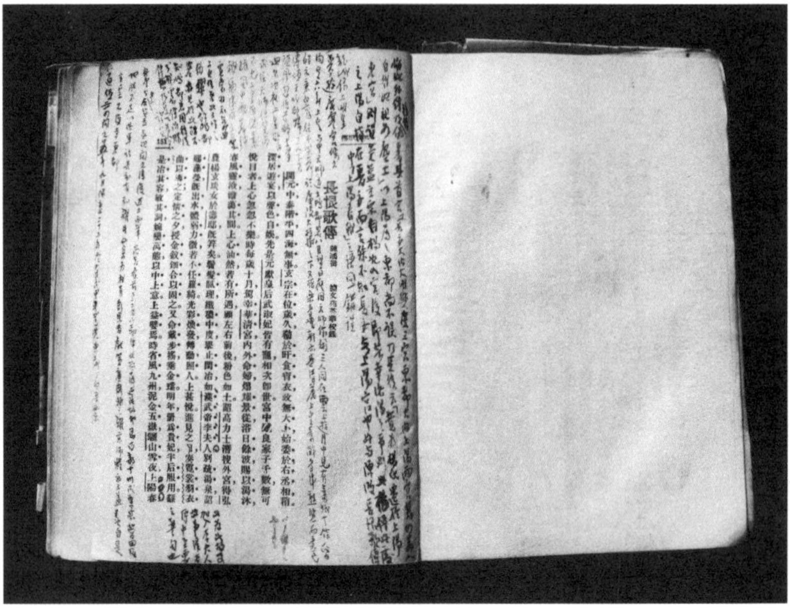


陳寅恪寫有批語之長恨歌傳

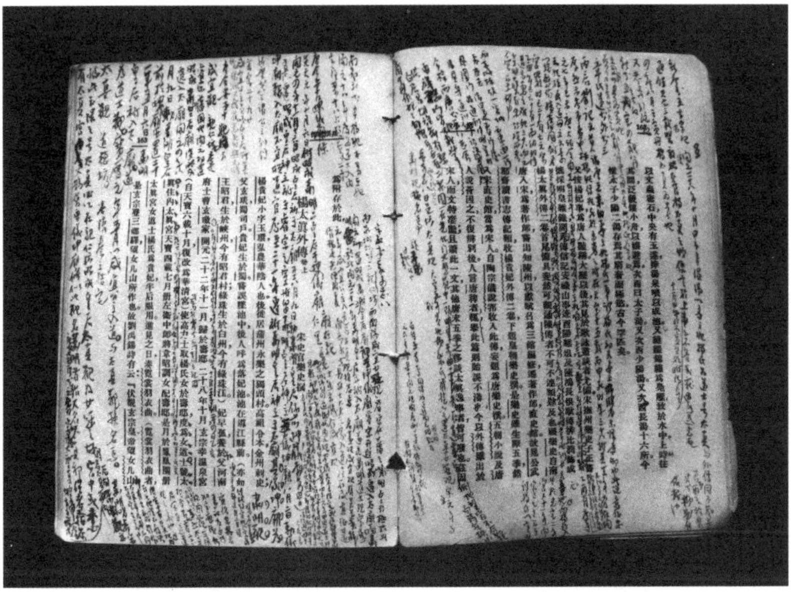

陳寅恪寫滿批語之楊太真外傳

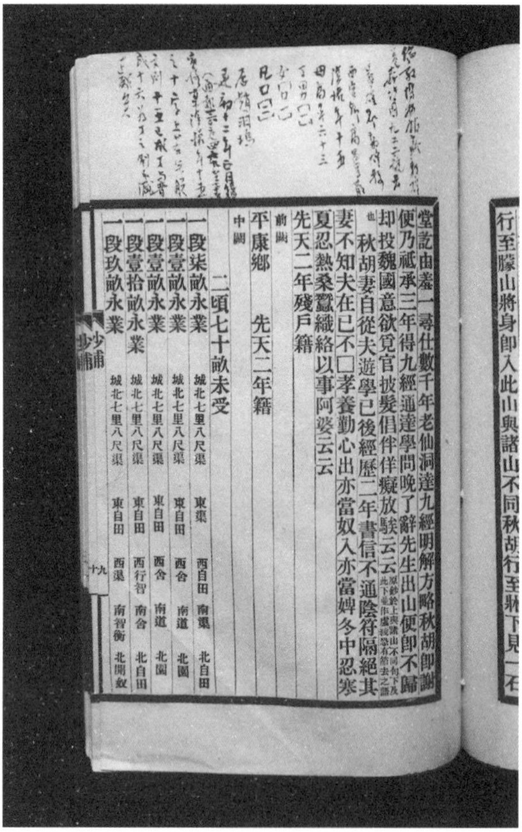

陳寅恪寫有批語之沙州文錄

# 目次

陳寅恪先生讀書札記弁言……一
史記之部……一
目次……三
史文與批文……五
漢書之部……一一
目次……一三
史文與批文……一五
後漢書之部……一九
目次……二一
史文與批文……二三
晉書之部……三九

目次……四一
史文與批文……四五
**後漢紀之部**……七一
目次……七三
史文與批文……七五
**資治通鑑考異之部**……九五
目次……九七
史文與批文……九九
**唐律疏議之部**……一一一
目次……一一三
史文與批文……一一五
**人物志之部**……一二五
目次……一二七
史文與批文……一二九
**雲谿友議之部**……一三一

目次……一三三
史文與批文……一三五
酉陽雜俎之部……一三九
目次……一四一
史文與批文……一四三
弘明集之部……一四五
目次……一四七
史文與批文……一四九
廣弘明集之部……一五三
目次……一五五
史文與批文……一五七
沖虛至德真經之部……一六五
目次……一六七
史文與批文……一六九
陸宣公奏議之部……一七三

目次……一七五
史文與批文……一七七
**劉賓客集之部**……一八一
目次……一八三
史文與批文……一八五
**韓翰林集之部**……一九三
目次……一九五
史文與批文……一九七
**唐人小説之部**……二三一
目次……二三三
史文與批文……二三五
**沙州文録補遺附録之部**……二八七
目次……二八九
史文與批文……二九一
**敦煌零拾之部**……二九五

目次…………二九七
史文與批文…………二九九

# 陳寅恪先生讀書札記弁言

寅恪先生生平讀書，有圈點，誌其行文脈絡䚡理；有校勘，對本校或意校其譌誤；有批語，眉批或行間批。批校最多且最不易整理之書，為梁慧皎高僧傳初集，其批校字跡之細小幾如毫髮之難於辨識，為所見先生批校書中最難於爬梳者。

今存所見先生批校書，凡史記、漢書、後漢書、晉書、後漢紀、舊唐書、新唐書（四部備要本）、資治通鑑考異、人物志、酉陽雜俎、唐律疏議、列子沖虛至德真經、高僧傳初集、二集、三集、唐人小説集（汪辟疆校録本）等共十六種。史漢三史及舊唐書，均竹簡齋光連紙印本，其他，大都四部叢刊初編本。他若三國志一書，昔年余假之師攜往瀋陽，九一八之難失之。時余在瀋陽北陵第三高中任教，事變發生後須步行至皇姑屯車站始可上火車，因將所攜書並先生書及家藏朱尊霖公（樞祖母之曾祖父，乾隆間官瑞州知府）手書册葉和皮大衣等，裝黑皮箱中，託友人庋存東北大學某幢樓三樓中，後為人破窗將箱盜去。別有武强賀氏刊本韓翰林集一厚册，剛主假去不還，聞已歸北京社會科學院圖書館。劉賓客集一册（商務林紓評選本）、陸宣公奏議一册（商務國學基本叢書本），今所能見寅恪先生批校書，僅上述十八種而已（合下列三種，共二十一種）。

先生生平讀書，用思之細，達於無間，常由小以見其大，復由大以歸於細；讀者倘能由小以見其大，斯得之矣。先生讀書，用思綿密，用語雅雋，立言不多而能發人深省。所記，大抵申抒己見，或取新材料補證舊史；或考校異同，與前賢札記之以鋪叙例證得出結論者，頗異其趣。將來先生書出，對於未來學術界將有深遠影響，可預卜也。

綜觀先生批校書，上述二十一種，不及什之一；他若長沙大火失去之書，其中當多有批校本。而最為巨大之損失，在先生任教昆明時，由他人代交滇越鐵路轉運之兩大木箱中外圖籍，全部為越南人盜去(另以滿裝磚塊之兩大木箱換走)。聞其中僅世説新語一書，即有批校本數部之多。

先生生平所著書，大多取材於平素用力甚勤之筆記，其批校特密者往往即後來著書之藍本。以故，長沙及滇越鐵路失去之書，無異間接減少先生著述若干種。竊意先生初聞失書時，當有不眠之夜也。後來先生居粵時，有學生梁秩風，在河內購得先生批校之舊五代史一書，本想寄粵，因越南人禁書出境，致終燬於河內大火。文化之不幸有如是歟！

一九八七年九月及門蔣天樞敬撰時值第三届教師節

# 史记之部

漢 **司馬遷** 撰

宋 **裴駰** 集解

唐 **司馬貞** 索隱

唐 **張守節** 正義

竹簡齋影印殿本，一九二三年

上海中華書局印行

# 目次

卷六　秦始皇本紀第六……五
卷三十四　燕召公世家第四……五
卷五十五　留侯世家第二十五……六
卷六十八　商君列傳第八……六
卷七十七　魏公子列傳第十七……七
卷八十七　李斯列傳第二十七……七
卷九十二　淮陰侯列傳第三十二……八
卷一百十　匈奴列傳第五十……八
卷一百一十六　西南夷列傳第五十六……八
卷一百二十三　大宛列傳第六十三……九

## 卷六　秦始皇本紀第六

三十三年，……徙謫，實之初縣。禁不得祠。

藤田以不得為佛陀之古謂。

## 卷三十四　燕召公世家第四

太史公曰：召公奭可謂仁矣！甘棠且思之，況其人乎，燕北迫蠻貉，內措齊、晉，崎嶇彊國之間，最爲弱小，幾滅者數矣。然社稷血食者八九百歲，於姬姓獨後亡，豈非召公之烈邪？

鹽鐵論卷八結和篇：「大夫曰：匈奴以虛名市於漢而實不從，數為蠻貊所紿，不痛之何故也？」其蠻貊即指匈奴言，與此傳蠻貉之指胡言者相同。

## 卷五十五　留侯世家第二十五

留侯曰：「……顧上有不能致者，天下有四人。……」（索隱：四人，四晧也，謂東園公、綺里季、夏黄公、角里先生。按：陳留志云：「園公姓庾，字宣明，居園中，因以爲號，夏黄公姓崔名廣，字少通，齊人，隱居夏里修道，故號曰夏黄公。角里先生，河内軹人，太伯之後，姓周名術，字元道，京師號曰霸上先生，一曰角里先生。」又孔安國祕記作「祿里」。此皆王劭據崔氏、周氏系譜及陶元亮（一作潛）四八目而爲此説。）

聖賢群録本名四八目，即事數之書也。

## 卷六十八　商君列傳第八

魏惠王兵數破於齊、秦，國内空，日以削，恐，乃使使割河西之地獻於秦以和，而魏遂去安邑，徙都大梁。

賈誼過秦論謂孝公之世「秦人拱手而取西河之外」，與此可印證。

## 卷七十七　魏公子列傳第十七

秦軍解去，遂救邯鄲，存趙。趙王及平原君自迎公子於界，平原君負韊矢爲公子先引。（索隱：韊音蘭。謂以盛矢，如今之胡簏而短也。）

胡禄或有(作？)胡鹿，簏乃字之譌。

## 卷八十七　李斯列傳第二十七

李斯議亦在逐中，斯乃上書曰：「……孝公用商鞅之法，移風易俗，民以殷盛，國以富彊，百姓樂用，諸侯親服，獲楚、魏之師，舉地千里，至今治彊。」

本書卷五秦本紀：「（孝公）十年，衛鞅為大良造，將兵圍魏安邑，降之。……二十二年，封鞅為列侯，號商君。」本書卷四十楚世家：「（楚宣王）三十年，秦封衛鞅於商，南侵楚。」即指此。但宣王即卒於是年，子威王熊商立。十一年，威王卒，子懷王熊槐立。十一年，蘇秦約從山東六國共攻秦，楚懷王為從長。

**卷九十二　淮陰侯列傳第三十二**

秦失其鹿，天下共逐之。

意林卷一引六韜：天下非一人天下，天下之天下也。取天下道若逐野鹿，而天下共分其肉。

**卷一百十　匈奴列傳第五十**

置左右賢王，左右谷蠡王，左右大將，左右大都尉，左右大當户，左右骨都侯。匈奴謂賢曰「屠耆」，故常以太子爲左屠耆王。

屠耆，疑回紇文adgu與之有關。

**卷一百一十六　西南夷列傳第五十六**

其俗或土著，或移徙，在蜀之西。自冉駹以東北，君長以什數，白馬最大，皆氐類也。此皆巴蜀西南外蠻夷也。始楚威王時，使將軍莊蹻將兵循江上，略巴蜀、黔中以西。

漢書襲用此文。後來據李特祖遷略陽，號巴氏，以李氏為氐；然據晉書載記，則其感生之說全同於南蠻，與西南夷異其統系，自屬於蠻無疑也。且賨本南蠻之賦，李氏既為賨種，自為南蠻無疑。

（包敬第輯録）

## 卷一百二十三　大宛列傳第六十三

騫既失侯，因言曰：「臣居匈奴中，聞烏孫王號昆莫，昆莫之父，匈奴西邊小國也。匈奴攻殺其父，（索隱：按漢書，父名難兜靡，爲大月氏所殺。）而昆莫生弃於野。烏嗛肉蜚其上，狼往乳之，單于怪以爲神，而收長之。」

此與後來高車、突厥、蒙古等神話相似，此殆最先者。

# 漢書之部

漢 班固 撰

唐 顏師古 注

竹簡齋影印殿本，一九二三年

上海中華書局印行

# 目次

卷二十八上　地理志第八上……一五
卷三十　藝文志第十……一五
卷五十四　李廣蘇建傳第二十四……一五
卷六十九　趙充國傳第三十九……一六
卷七十二　王吉傳第四十二……一六
卷九十六上　西域傳第六十六上……一七

## 卷二十八上　地理志第八上

丹揚郡……黝……歙。

梁書五十四中天竺傳：諸葛恪討丹陽山賊，獲黝歙短人。

## 卷三十　藝文志第十

中庸説二篇。（師古曰：「今禮記有中庸一篇，亦非本禮經，蓋此之流。」）

隋書經籍志：禮記中庸傳二卷，宋散騎常侍戴顒撰；中庸講疏一卷，梁武帝撰。陳振孫書録解題六：大學廣義、中庸廣義一卷，司馬光撰。皆在二程之前。

## 卷五十四　李廣蘇建傳第二十四

是日捕得虜，言：「單于曰：此漢精兵……」

虜字荀悦漢紀十四作生口。

## 卷六十九　趙充國傳第三十九

初，置金城屬國，以處降羌。

本書卷八宣帝紀：置金城屬國，以處降羌。

## 卷七十二　王吉傳第四十二

吉上疏言得失，曰：「……臣願陛下承天心，發大業，與公卿大臣延及儒生，述舊禮，明王制，歐一世之民濟之仁壽之域，則俗何以不若成康，壽何以不若高宗？竊見當世趨務不合於道者，謹條奏，唯陛下財擇焉。」吉意以爲「夫婦，人倫大綱，夭壽之萌也。世俗嫁娶太早，未知爲人父母之道而有子，是以教化不明而民多夭。聘妻送女亡節，則貧人不及，故不舉子。又漢家列侯尚公主，諸侯則國人承翁主，使男事女，夫詘於婦，逆陰陽之位，故多女亂。……」

參觀後漢書卷六十下襄楷傳及章懷注太平經興帝王篇「理國之道，多人則國富，少人則國貧」等語，所謂「專以奉天地順五行，亦有興國廣嗣之術」者也。

## 卷九十六上　西域傳第六十六上

康居有小王五：一曰蘇䪥王，治蘇䪥城；……二曰附墨王，治附墨城；……三曰窳匿王，治窳匿城；……四曰罽王，治罽城；五曰奥鞬王，治奥鞬城。……凡五王，屬康居。

第三王乃唐之石國，第四王乃唐之安國。

（包敬第輯録）

# 後漢書之部

宋 **范曄** 撰

唐 **李賢等** 注

竹簡齋影印殿本，一九二三年

上海中華書局印行

# 目次


卷四　孝和帝紀第四……二三
卷三十八　百官五志第二十八……二四
卷四十二　張步列傳第二……二六
卷六十下　襄楷列傳第二十下……二六
卷八十三　申屠蟠列傳第四十三……二七
卷九十上　馬融列傳第五十上……二八
卷九十七　黨錮列傳第五十七……二八
卷一百五　劉焉列傳第六十五……二九
卷一百六　循吏列傳第六十六……三〇
卷一百九下　儒林列傳第六十九下……三一
卷一百十一　獨行列傳第七十一……三二
卷一百十二下　方術列傳第七十二下……三三

卷一百十六　南蠻西南夷列傳第七十六……三二
卷一百十七　西羌傳第七十七……三三
卷一百十九　南匈奴列傳第七十九……三五

## 卷四　孝和帝紀第四

元興元年冬十二月辛未，帝崩于章德前殿，年二十七。立皇子隆爲皇太子。……自竇憲誅後，帝躬親萬機，每有災異，輒延問公卿，極言得失。前後符瑞八十一所，自稱德薄，皆抑而不宣。舊南海獻龍眼、荔支，十里一置，五里一候，（南海，郡，秦置，今廣州縣也。）奔騰阻險，死者繼路。時臨武長汝南唐羌，縣接南海，（臨武，縣，屬桂陽郡，今郴州縣也。）乃上書陳狀。帝下詔曰：「遠國珍羞，本以薦奉宗廟。苟有傷害，豈愛民之本？其勑太官勿復受獻。」由是遂省焉。（謝承書曰：「唐羌字伯游，辟公府，補臨武長。縣接交州，舊獻龍眼、荔支及生鮮，獻之，驛馬晝夜傳送之，至有遭虎狼毒害，頓仆死亡不絶。道經臨武，羌乃上書諫曰：『臣聞上不以滋味爲德，下不以貢膳爲功，故天子食太牢爲尊，不以果實爲珍。伏見交阯七郡獻生龍眼等，鳥驚風發。南州土地，惡蟲猛獸不絶於路，至於觸犯死亡之害。死者不可復生，來者猶可救也。此二物升殿，未必延年益壽。』帝從之。章報，羌即棄官還家，不應徵召，著唐子三十餘篇。」）

此後漢廣東至洛陽所經路線之可考者。荔支、龍眼既是生鮮獻貢，則所取之道必最短速者無疑也。又據元和郡縣志三十四：「嶺南道韶州西北至上都，取郴州路三千六百八十五里，取虔、吉州路四千六百八十里。西北至東都，取郴州路三千四百二十五里，取虔、吉州路二千八百七十里。」此文數目字恐有譌誤，然長安至韶州，取虔、吉路，較之郴州路為長則無疑。韓文公貶潮州，仍取郴州路，而騎田較大庾上若易行，其故殊不解，俟考。

## 卷三十八　百官五志第二十八

世祖并省郡縣四百餘所，後世稍復增之。（臣昭曰：……至孝靈在位，橫流既及，劉焉徼僞，自爲身謀，非有憂國之心，專懷狼據之策，抗論昏世，薦議愚主，盛稱宜重牧伯，謂足鎮壓萬里，挾姦樹筭，苟罔一時，豈可永爲國本，長期勝術哉？夫聖主御世，莫不大庇生民，承其休謀，傳其典制。猶云事久弊生，無或通貫，故變改正服，革異質文，分爵三五，參差不一。況在豎騃之君，挾姦詐之臣，共所創置，焉可仍因？大建尊州之規，竟無一日之治。故馬牧益土，造帝服於岷、峨；袁紹取冀，下制書於燕、朔；劉表荆南，郊天祀地；魏祖據兖，遂構皇業：漢之殄滅，禍源乎此。及臻後代，任寄彌廣，委之邦宰之命，授之斧鉞之重，假之都督之威，開之征討之略。晉太康之初，武帝亦疑其然，乃下詔曰：「上古及中代，或置州牧，或置刺史，置監御史，皆總綱紀，而不賦政，治民之事，任之諸侯郡守。昔漢末四海分崩，因以吴、蜀自擅，自是刺史内親民事，外領兵馬，此一時之宜爾。今賴宗廟之靈，士大夫之力，江表平定，天下合之爲一，當韜戢干戈，與天下休息。諸州無事者罷其兵，刺史分職，皆如漢氏故事，出頒詔條，入奏事京城。二千石專治民之重，監司清峻於上，此經久之體也。其便省州牧。」晉武帝又見其弊矣，雖有其言，不卒其事，後嗣纘繼，牧鎮愈重，據地分爭，竟覆天下。昔王畿之大，不過千里，州之所司，廣袤兼遠。爭强虎視之辰，遷鼎革終之日，未嘗不藉蕃兵之權，挾董司之力，逼迫伺隙，陵奪沖幼。其甚者臣主揚兵，骨肉戰野，昆弟梟懸，伯叔屠裂。末壯披心，尾大不掉，既用此始，亦病以終。傾輈愈襲，莫或途改，致雒京有銜璧之痛，秦臺有不守之酷。胡、羌遞興，氐、鮮更起，靡滅群黎，流禍百世。堅冰所漸，兼緣茲蠹。嗚呼！後之聖王，必不久滯斯迹，靈長之終，當有神筭。不然，則雄捍反拒之事，懼甚於此心，憑强作害之謀，方盛於後意。）

本書一百五劉焉傳：時靈帝政化衰缺，四方兵寇，焉以為刺史威輕，既不能禁，且用非其人，輒增暴亂，乃建議改置牧伯，鎮安方夏，清選重臣，以居其任。焉乃陰求為交阯，以避時難。議未即行，會益州刺史郤儉在政煩擾，謡言遠聞，而并州刺史張懿、凉州刺史耿鄙並為寇賊所害，故焉議得用。出焉為監軍使者，領益州牧，太僕黄琬為豫州牧，宗正劉虞為幽州牧，皆以本秩居職。州任之重，自此而始。

## 卷四十二　張步列傳第二

張步字文公，琅邪不其人也。

參考本書一百十二下方術傳華陀傳附唐虞傳。

## 卷六十下　襄楷列傳第二十下

〔襄楷〕復上書曰：「……前者宫崇所獻神書，專以奉天地順五行爲本，亦有興國廣嗣之術。其文易曉，參同經典，而順帝不行，故國胤不興，……」

此參同契之名所由起。

初，順帝時，琅邪宫崇詣闕，上其師于吉於曲陽泉水上所得神書百七十卷，皆縹白素、朱介、青首、朱目，號太平清領書。其言以陰陽五行爲家，而多巫覡雜語。有司奏崇所上妖妄不經，乃收臧之。後張角頗有其書焉。及靈帝即位，以楷書爲然。

三國志吴書一孫策傳注引江表傳：時有道士琅邪于吉，先寓居東方，往來吴會，立精舍，燒香讀道書，製作符水以治病，吴會人多事之。策嘗於郡城門樓上，集會諸將賓客，吉乃盛服杖小函，漆畫之，名為仙人鏵，趨度門下。諸將賓客三分之二下樓迎拜之，掌賓者禁呵不能止。策即令收之。諸事之者，悉使婦女入見策母，請救之。母謂策曰：「于先生亦助軍作福，醫護將士，不可殺之。」策曰：「此子妖妄，能幻惑衆心，遠使諸將不復相顧君臣之禮，盡委策下樓拜之，不可不除也。」諸將復連名通白事陳乞之，策曰：「昔南陽張津為交州刺史，舍前聖典訓，廢漢家法律，嘗著絳帕頭，鼓琴燒香，讀邪俗道書，云以助化，卒為南夷所殺。此甚無益，諸君但未悟耳。今此子已在鬼籙，勿復費紙筆也。」即催斬之，縣首於市。諸事之者，尚不謂其死而云尸解焉，復祭祀求福。又御覽六六六。

## 卷八十三　申屠蟠列傳第四十三

太尉黄瓊辟，不就。及瓊卒，歸葬江夏，四方名豪會帳下者六七千人，互相談論，莫有及蟠者。

抱朴子外篇正郭篇有「林宗周旋清談於閭閻，無救於世道之陵遲，無解於民之憔悴也」之語。

## 卷九十上　馬融列傳第五十上

融既飢困，乃悔而歎息，謂其友人曰：「古人有言：『左手據天下之圖，右手刎其喉，愚夫不爲。』所以然者，生貴於天下也。今以曲俗咫尺之羞，滅無貲之軀，殆非老莊所謂也。」

抱朴子外篇漢過篇有「反經詭聖順非而博者謂之老莊之客」之語。

世説文學篇鄭玄在馬融門下條，注引融自叙無「殆非老莊所謂也」一語，陳蘭甫於東塾讀書記十二據此駁洪稚存，尚須詳考，不知此語為蔚宗所附益，抑孝標或後人刊世説者删去之也。

## 卷九十七　黨錮列傳第五十七

孔子曰：「性相近也，習相遠也。」言嗜惡之本同，而遷染之塗異也。夫刻意則行不肆，牽物則其志流。是以聖人導人理性，裁抑宕佚，慎其所與，節其所偏，雖情品萬區，質文異數，至於陶物振俗，其道一也。叔末澆訛，王道陵缺，而猶假仁以效己，憑義以濟功。舉中於理，則强梁褫氣；片言違正，則厮臺解情。蓋前哲之遺塵，有足求者。……

此論全本袁宏後漢紀二十二論黨錮事，前人似未有言及之者，可怪也！

（劉淑傳）淑少學明五經，遂隱居，立精舍講授，諸生常數百人。

參觀本書一百九下包咸傳。

## 卷一百五　劉焉列傳第六十五

（張）魯字公旗。初，祖父陵，順帝時客於蜀，學道鶴鳴山中，造作符書，以惑百姓。受其道者輒出米五斗，故謂之「米賊」。陵傳子衡，衡傳於魯，魯遂自號「師君」。其來學者，初名爲「鬼卒」，後號「祭酒」。祭酒各領部衆，衆多者名曰「理頭」。皆校以誠信，不聽欺妄，有病但令首過而已。諸祭酒各起義舍於路，同之亭傳，縣置米肉以給行旅。食者量腹取足，過多則鬼能病之。犯法者先加三原，然後行刑。不置長吏，以祭酒爲理，民夷信向。典略曰：「初，熹平中，妖賊大起，漢中有張脩。爲太平道，張角爲五斗米道。太平道師持九節杖，爲符祝，教病人叩頭思過，因以符水飲之。病或自愈者，則云此人信道；其或不愈，則云不信道。脩法略與角同，加施净室，使病人處其中思過。又使人爲姦令祭酒，主以老子五千文，使都習，號『姦令』。爲鬼吏，主爲病者請禱之法，書病人姓字，説服罪之意。作三通，其一上之天，著山上，其一埋之地，其一沈之水，謂之『三官手書』。使病者家出米五斗以爲常，故號『五斗米師』。實無益於療病，小人昏愚，競共事之。後角被誅，脩亦亡。及魯自在漢中，因其人信行脩業，遂增飾之。教使起義舍，以米置其中以止行人。又使自隱，其小過者，當循道百步，則罪除。又依月令，春夏禁殺。又禁酒。流移寄在其地者，不敢不奉也。」

此處引典略文，應參校魏志卷八張魯傳裴注所引者。又松之謂張脩應是張衡，非典略之失，則傳寫之誤。

## 卷一百六　循吏列傳第六十六

王景字仲通，樂浪誹邯人也。八世祖仲，本琅邪不其人。好道術，明天文。諸呂作亂，齊哀王襄謀發兵，而數問於仲。及濟北王興居反，欲委兵師仲，仲懼禍及，乃浮海東奔樂浪山中，因而家焉。

此亦王氏天師道之遠祖乎？

## 卷一百九下　儒林列傳第六十九下

(包咸傳)因住東海，立精舍講授。

陸象山引此處精舍之語，見象山年譜象山與楊敬仲書。參觀本書九十七黨錮傳劉淑傳。

## 卷一百十一　獨行列傳第七十一

孔子曰："「與其不得中庸，必也狂狷乎！」"又云："「狂者進取，狷者有所不爲也。」"此蓋失於周全之道，而取諸偏至之端者也。然則有所不爲，亦將有所必爲者矣；既云進取，亦將有所不取者矣。如此，性尚分流，爲否異適矣。

此六朝人性情之說，莊子逍遥遊郭注及皇侃論語疏皆暢發其義，蓋承認個性之差異，而人格之獨立，因得見尊重也。

## 卷一百十二下　方術列傳第七十二下

(華陀傳)泠壽光、唐虞、魯女生三人者，皆與華陀同時。……唐虞道赤眉、張步家居里落，若與相及，死於鄉里不其縣。

參見本書四二張步傳。

## 卷一百十六　南蠻西南夷列傳第七十六

(南蠻傳)及秦惠王并巴中，以巴氏爲蠻夷君長，世尚秦女，其民爵比不更，有罪得以爵除。其君長歲出賦二千一十六錢，三歲一出義賦千八百錢。其民户出幏布八丈二尺，雞羽三千鍭。

説文六下貝部：賨，南蠻賦也。七下巾部：幏，南郡蠻夷賨布也。段注文選魏都賦引風俗通曰：槃瓠之後。輸布一匹，小口二丈(後漢書少「小口」二字)，是為賨布。廩君之巴氏出幏布八丈(後漢書云「八丈二尺」)。幏亦賨也，故統謂之賨布。

西南夷者，在蜀郡徼外。有夜郎國，東接交阯，西有滇國，北有邛都國，各立君長。……自巂東北有莋都國，東北有冉駹國，或土著，或隨畜遷徙。自冉駹東北有白馬國，氐種是也。此三國亦有君長。

此見史記西南夷傳。

## 卷一百十七　西羌傳第七十七

西羌之本，出自三苗，姜姓之别也。……當春秋時，閒在中國，與諸夏盟會。魯莊公伐秦取邽、冀之戎。後十餘歲，晉滅驪戎。是時，伊、洛戎强，東侵曹、魯。後十九年，遂入王城，於是秦、晉伐戎以救周。後二年，又寇京師，齊桓公徵諸侯戍周。後九年，陸渾戎自瓜州遷于伊川，允姓戎遷于渭汭，東及轘轅。在河南山北者號曰陰戎，陰戎之種遂以滋廣。

左傳襄公十四年：將執戎子駒支。范宣子親數諸朝，曰：「來！姜戎氏，昔秦人迫逐乃祖吾離于瓜州，乃祖吾離被苫蓋，蒙荆棘，以來歸我先君。我先君惠公有不腆之田，與女剖分而食之。……」對曰：「昔秦人負恃其衆，貪于土地，逐我諸戎。惠公蠲其大德，謂我諸戎是四嶽之裔胄也。……」又昭公九年：周甘人與晉閻嘉争閻田。晉梁丙、張趯率陰戎伐潁。王使詹桓伯辭於晉，曰：「……先王居檮杌于四裔，以禦螭魅，故允姓之姦，居于瓜州。伯父惠公歸自秦，而誘以來，使偪我諸姬，入我郊甸，則戎焉取之。……」寅恪案：戎之有姜姓，猶之晉獻公有驪姬，及大戎狐姬生重耳，小戎子生夷吾，是戎有姜姓、子姓、姬等也。姜戎之為姜姓，當同此例。「姜」「羌」同字，范書若據姜戎之為允姓，而允姓又為玁狁，則取三代戎之事跡作西羌傳序説，似猶有可説。不然，蔚宗所叙三代戎狄事跡，皆司馬遷、班固匈奴傳之序紀，不能冠於西羌傳首，以致匈奴與羌混淆也。

滇良者，燒當之玄孫也。時王莽末，四夷内侵，及莽敗，衆羌遂還據〔西海〕爲寇。更始、赤眉之際，羌遂放縱，寇金城、隴西。隗囂雖擁兵而不能討之……。建武九年，隗囂死，司徒掾班彪上言：「今涼州部皆有降羌，羌胡被髮左衽，而與漢人雜處，習俗既異，言語不通，數爲小吏黠人所見侵奪，窮恚無聊，故致反叛。夫蠻夷寇亂，皆爲此也。舊制，益州部置蠻夷騎都尉，幽州部置領烏桓校尉，涼州部置護羌校尉，皆持節領護，理其怨結，歲時循行，問所疾苦。又數遣使驛通動静，使塞外羌夷爲吏耳目，州郡因此可得儆備。今宜復如舊，以明威防。」光武從之，即以牛邯爲護羌校尉，持節如舊。及邯卒而職省。十年，先零豪與諸種相結，復寇金城、隴西，遣中郎將來歙等擊之，大破。事已具歙傳。十一年夏，先零種復寇臨洮，隴西太守馬援破降之。後悉歸服，徙置天水、隴西、扶風三郡。明年，武都參狼羌反，援又破降之。事已具援傳。

前漢書宣帝紀：神爵二年夏五月，羌虜降服，斬其首惡大豪楊玉、酋非首。置金城屬國以處降羌。又卷六十九趙充國傳云：初置金城屬國以處降羌。本書卷一下光武紀：建武十一年冬十月，……因隴西太守馬援擊破先零羌，徙致天水、隴西、扶風。

自爰劒後，子孫支分凡百五十種。……發羌、唐旄等絕遠，未嘗往來。……

新唐書以唐旄、發羌為吐蕃之祖，其說似可信，以音頗近，且與藏文較合故也。

## 卷一百十九　南匈奴列傳第七十九

〔建武二十六年〕冬，前畔五骨都侯子復將其衆三千人歸南部，北單于使騎追擊，悉獲其衆。南單于遣兵拒之，逆戰不利。於是復詔單于徙居西河美稷，因使中郎將段郴及副校尉王郁留西河擁護之，爲設官府、從事、掾史。令西河長史歲將騎二千，弛刑五百人，助中郎將衛護單于，冬屯夏罷。自後以爲常，及悉復緣邊八郡。

因南單于兵不能敵北單于，故不能棄之，以益張敵勢，此漸徙於內地之一原因也。

單于前言，先帝時所賜呼韓邪竽瑟空侯皆敗。

空侯或最先見於此，俟考。

單于呼徵，光和元年立。二年，中郎將張脩與單于不相能，脩擅斬之，更立右賢王羌渠爲單于。……單于羌渠，光和二年立。中平四年，前中山太守張純反畔，遂率鮮卑寇邊郡。靈帝詔發南匈奴兵，配幽州牧劉虞討之。單于遣左賢王將騎詣幽州。國人恐單于發兵無已，五年，右部醢落與休著各胡白馬銅等十餘萬人反，攻殺單于。單于羌渠立十年，子右賢王於扶羅立。持至尸逐侯單于於扶羅，中平五年立。國人殺其父者遂畔，共立須卜骨都侯爲單于，而於扶羅詣闕自訟。會靈帝崩，天下大亂，單于將數千騎與白波賊合兵寇河内諸郡。時民皆保聚，鈔掠無利，而兵遂挫傷。復欲歸國，國人不受，乃止河東。須卜骨都侯爲單于一年而死，南庭遂虛其位，以老王行國事。單于於扶羅立七年死，弟呼厨泉立。單于呼厨泉，興平二年立。以兄被逐，不得歸國，數爲鮮卑所鈔。建安元年，獻帝自長安東歸，右賢王去卑與白波賊帥韓暹等侍衛天子，拒擊李傕、郭汜。及車駕還洛陽，又徙遷許，然後歸國。二十一年，單于來朝，曹操因留於鄴，而遣去卑歸監其國焉。

晉書劉元海、石勒載記皆有羌渠名，而劉元海記自是此人，石勒記則必別一人，因羌渠之子為於扶羅，於扶羅之子為豹，豹之子為淵，即元海故也。魏志二十八鄧艾傳：艾上言曰：「……去卑功顯前朝，而子不繼業，宜加其子顯號，使居鴈門」云云，疑石勒之祖即隨去卑之子而徙居鴈門者也。俟考。

（包敬第輯録）

# 晉書之部

唐　房玄齡等　撰

史學叢書，一九三六年
上海大光書局刊印

# 目次


卷一　帝紀第一　宣帝……四五
卷二　帝紀第二　文帝……四五
卷三　帝紀第三　武帝……四五
卷八　帝紀第八　穆帝……四六
卷二十　志第十　禮中……四七
卷三十　志第二十　刑法……四七
卷三十四　列傳第四　羊祜……五〇
卷四十三　列傳第十三　山濤　王衍……五一
卷四十四　列傳第十四　盧諶……五三
卷四十六　列傳第十六　劉頌……五三
卷四十七　列傳第十七　傅玄……五四
卷四十九　列傳第十九　嵇康……五四

卷五十二　列傳第二十二　華譚……五五
第五十四　列傳第二十四　陸機……五六
卷五十八　列傳第二十八　周處　周札……五六
卷五十九　列傳第二十九　八王……五七
卷六十二　列傳第三十二　劉琨……五八
卷六十五　列傳第三十五　王導……五八
卷六十六　列傳第三十六　陶侃……五九
卷六十七　列傳第三十七　郗隆……五九
卷六十八　列傳第三十八　顧榮　紀瞻　賀循……六〇
卷七十一　列傳第四十一　陳頵……六二
卷八十八　列傳第五十八　庾袞……六三
卷八十九　列傳第五十九　嵇紹　沈勁……六三
卷一百　列傳第七十　孫恩……六五
卷一百七　載記第七　石季龍下……六六
卷一百八　載記第八　慕容廆……六六

卷一百十四　載記第十四　苻堅下……六七
卷一百二十一　載記第二十一　李雄……六七
卷一百二十六　載記第二十六　禿髮烏孤……六八

## 卷一　帝紀第一　宣帝

誅曹爽之際，支黨皆夷及三族，男女無少長，姑姊妹女子之適人者皆殺之。

本書二十刑法志，魏志十二何夔傳注引干寶晉紀。

## 卷二　帝紀第二　文帝

〔景元元年五月〕戊申，帝奏曰：「……騎督成倅弟太子舍人濟入兵陣，傷公至隕。……濟干國亂紀，罪不容誅，輒收濟家屬，付廷尉。」太后從之，夷濟三族。

本書三九荀勖傳，丁國鈞晉書校文。

## 卷三　帝紀第三　武帝

初，帝雖從漢魏之制，既葬除服，而深衣素冠，降席撤膳，哀敬如喪者。〔泰始二年八月〕戊辰，有司奏改服進膳，不許，遂禮終而後復吉。及太后之喪，亦如之。

本書二十禮志中。抱朴子外篇譏惑：吾聞晉之宣、景、文、武四帝居親喪，皆毁瘠踰制，又不用王氏二十五月之禮，皆行(二十)七月服。于時天下之在重哀者，咸以四帝為法。

〔咸寧五年〕十一月，大舉伐吴，遣鎮軍將軍琅邪王伷出涂中，安東將軍王渾出江西，建威將軍王戎出武昌，平南將軍胡奮出夏口，鎮南大將軍杜預出江陵，龍驤將軍王濬、廣武將軍唐彬率巴蜀之卒浮江而下，東西凡二十餘萬。

通鑑八十晉紀武帝咸寧五年十一月大舉伐吴條，胡注：涂中，吴主權作堂邑，涂塘即其地，蓋從今滁州取真州路。江西，今和州出横江渡路。

## 卷八　帝紀第八　穆帝

〔永和〕三年夏四月，蜀人鄧定、隗文舉兵反，桓温又擊破之，使益州刺史周撫鎮彭模。丁巳，鄧定、隗文復入據成都，征虜將軍楊謙棄涪城，退保德陽。

依本書一百桓温傳，宋本作「等」，是也。

## 卷二十　志第十　禮中

〔武帝泰始元年〕詔曰：「每感念幽冥，而不得終苴絰於草土，以存此痛，況當食稻衣錦，誠詭然激切其心，非所以相解也。吾本諸生家，傳禮來久，何心一旦便易此情於所天！相從已多，可試省孔子答宰我之言，無事紛紜也。言及悲剝，奈何！奈何！」

本書三武帝紀泰始元年。抱朴子外篇譏惑。

## 卷三十　志第二十　刑法

其後，天子又下詔改定刑制，命司空陳群、散騎常侍劉邵、給事黄門侍郎韓遜、議郎庾嶷、中郎黄休、荀詵等删約舊科，傍採漢律，定爲魏法，制新律十八篇，州郡令四十五篇，尚書官令、軍中令，合百八十餘篇。

魏志二十一劉邵傳：明帝即位，出為陳留太守，徵拜騎都尉，與議郎庾嶷、荀詵等定科令，作新律十八篇，著律略論。遷散騎常侍。魏志三明帝紀：青龍二年十二月詔有司删定大辟，減死罪。

其序略曰：「……又改賊律，但以言語及犯宗廟園陵，謂之大逆無道，要斬，家屬從坐，不及祖父母孫。至於謀反大逆，臨時捕之，或汙瀦，或梟菹，夷其三族，不在律令，所以嚴絕惡跡也。……」及景帝輔政，是時魏法，犯大逆者誅及己出之女。……

魏志四高貴鄉公紀：甘露五年五月戊申，大將軍文王上言：「……科律，大逆無道，父母妻子同產皆斬。……輒敕侍御史收濟家屬，付廷尉，結正其罪。」

毌丘儉之誅，其子甸妻荀氏……所生女芝，爲潁川太守劉子元妻，亦坐死，以懷妊繫獄。……〔何〕曾哀之，使主簿程咸上議曰：「……臣以爲在室之女，從父母之誅；既醮之婦，從夫家之罰。宜改舊科，以爲永制。」於是有詔改定律令。文帝爲晉王，患前代律令本注煩雜，陳羣、劉邵雖經改革，而科網本密，又叔孫、郭、馬、杜諸儒章句，但取鄭氏，又爲偏黨，未可承用。於是令賈充定法律，……

魏志十二何夔傳注引干寶晉紀，晉書一宣帝紀末。

至惠帝之世，政出羣下，每有疑獄，各立私情，刑法不定，獄訟繁滋。尚書裴頠表陳之曰：

「……雖陵兆尊嚴，唯毀發然後族之，此古典也。若登踐犯損，失盡敬之道，事止刑罪可也。去八年，奴聽教加誣周龍燒章，廷尉遂奏族龍一門，八口并命。會龍獄翻，然後得免。考之情理，準之前訓，所處實重。今年八月，陵上荆一枝圍七寸二分者被斫，司徒太常，奔走道路，雖知事小，而案劾難測，搔擾驅馳，各競免負，于今太常禁止未解。……臣愚以爲犯陵上草木，不應乃用同産異刑之制。按行奏劾，應有定準，相承務重，體例遂虧。或因餘事，得容淺深。」

頠雖有此表，曲議猶不止。

參魏志夏侯玄傳，可知「相承務重」之語為不誣也。

（志末補記）

魏志四高貴鄉公紀。魏志九曹真傳附爽傳云：會公卿朝臣廷議，〔爽〕乃與〔何〕晏、〔鄧〕颺及〔李〕當等謀圖神器，〔桓〕範黨同罪人，皆為大逆無道。於是收爽、〔曹〕羲、〔曹〕訓、晏、颺、〔丁〕謐、〔畢〕軌、〔李〕勝、範、當等，皆伏誅，夷三族。同書同卷夏侯尚傳附玄傳云：收玄、〔張〕緝、〔蘇〕鑠、〔樂〕敦、〔劉〕賢等送廷尉。廷尉鍾毓奏：「〔李〕豐等謀迫脅至尊，擅誅冢宰，大逆無道，請論如法。」於是會公卿朝臣廷尉議，咸以為豐等包藏禍心，構圖兇逆，將以傾覆京室，顛危社稷。毓所正皆如科律，報毓施行。於是豐、玄、緝、敦、賢等皆夷三族。同書同卷夏侯尚傳附王經傳云：坐高貴鄉公事誅。裴注引世語曰：刑及經母。又漢晉春秋曰：〔經〕母顏色不變，笑而應曰：「人誰不死？……以此并命，何恨之有哉！」晉武帝太始元年詔曰：「故尚書王經，雖身陷法辟，然守志可嘉。門户堙没，意常愍之，其賜經孫郎中。」同書二十八王淩傳云：諸相連者悉夷三族。同書同卷毌丘儉傳云：夷儉三族。同書同卷諸葛誕傳云：夷三族。裴注引晉諸公贊曰：東安公繇，諸葛誕外孫，欲殺〔文〕俶，因誅楊駿，誣俶謀逆，遂夷三族。同書同卷鍾會傳云：會兄子邕，隨會與俱死。會所養兄子毅及峻、辿等下獄，當伏誅。司馬文王表，天子下詔曰：「……以會、邕之罪，而絶〔祖〕繇、〔父〕毓之類，吾有愍然！峻、辿兄弟特原，……惟毅及邕息伏法。」唐律疏義第一卷名例第六條：十惡：一曰謀反（謂謀危社稷）。疏義云：不敢指斥尊號，故託云社稷。二曰謀大逆（謂謀毁宗廟、山陵及宫闕）。……晉書三九荀勖傳，晉書一宣帝紀末，晉書二文帝紀景元元年。

## 卷三十四　列傳第四

### 羊祜

祜繕甲訓卒，廣爲戎備。至是上疏曰：「……今若引梁益之兵水陸俱下，荆楚之衆進臨江陵，平南、豫州直指夏口，徐、揚、青、兖並向秣陵，鼓旆以疑之，多方以誤之，以一隅之吴，當天下之衆，勢分形散，所備皆急。巴漢奇兵出其空虛，一處傾壞，則上下震蕩。……」

通鑑八十晉紀武帝咸寧二年十月〔羊〕祜上疏請伐吴條，梁益之兵水陸俱下（胡注：王濬、唐彬統梁、益兵），荆、楚之衆進臨江陵（荆、楚，祜所統也），平南、豫州直指夏口（胡奮為平南將軍；王戎為豫州刺史），徐、揚、青、兖並會秣陵（徐、揚，王渾所統；青、兖，琅邪王伷所統）。

## 卷四十三　列傳第十三

### 山濤

吴平之後，帝詔天下罷軍役，示海内大安，州郡悉去兵，大郡置武吏百人，小郡五十人。帝嘗講武于宣武場，濤時有疾，詔乘步輦從。因與盧欽論用兵之本，以爲不宜去州郡武備，其論甚精。

本書二一禮志下：武帝泰始四年九月，咸寧元年，太康四年、六年冬，皆自臨宣武觀，大閲衆軍。

以太康四年薨，時年七十九。

本書三武帝紀：太康四年正月戊午，司徒山濤薨。

## 王衍

〔東海王〕越之討苟晞也，衍以太尉爲太傅軍司。及越薨，衆共推爲元帥。衍以賊寇鋒起，懼不敢當。辭曰：「吾少無宦情，隨牒推移，遂至於此。今日之事，安可以非才處之。」俄而舉軍爲石勒所破，勒呼王公，與之相見，問衍以晉故。衍爲陳禍敗之由，云計不在己。勒甚悦之，與語移日。衍自説少不豫事，欲求自免。因勸勒稱尊號。勒怒曰：「君名蓋四海，身居重任，少壯登朝，至於白首，何得言不豫世事邪！破壞天下，正是君罪。」使左右扶出。謂其黨孔萇曰：「吾行天下多矣，未嘗見如此人，當可活不？」萇曰：「彼晉之三公，必不爲我盡力，又何足貴乎！」勒曰：「要不可加以鋒刃也。」使人夜排墻填殺之。衍將死，顧而言曰：「嗚呼！吾曹雖不如古人，向若不祖尚浮虛，勠力以匡天下，猶可不至今日。」時年五十六。

本書五九東海王越傳，及世説輕詆篇桓公入洛條引晉陽秋。

## 卷四十四　列傳第十四

### 盧諶

〔劉〕琨妻即諶之從母，既加親愛，又重其才地。

參見本書六二劉琨傳。

## 卷四十六　列傳第十六

### 劉頌

頌在郡上疏曰：「……且自吴平以來，東南六州將士更守江表，此時之至患也。又内兵外守，吴人有不自信之心，宜得壯主以鎮撫之，使内外各安所舊。又孫氏爲國，文武衆職，數擬天朝，一旦堙替，同于編户。不識所蒙更生之恩，而災困逼身，自謂失地，用懷不靖。今得長王以臨其國，隨才授任，文武並叙，士卒百役不出其鄉，求富貴者取之于國内。内兵得散，新邦又安，兩獲其所，於事爲宜。……」

本書三武帝紀咸寧五年十一月大舉伐吴條。本書三四羊祜傳。本書四二王渾、王濬、唐彬傳。通鑑八十晉紀武帝咸寧二年十月（羊）祜上疏請伐吴條，胡注。

## 卷四十七　列傳第十七

### 傅玄

泰始四年，以爲御史中丞。時頗有水旱之災，玄復上疏曰：「……臣伏歡喜，上便宜五事……其五曰，臣以爲胡夷獸心，不與華同，鮮卑最甚。本鄧艾苟欲取一時之利，不慮後患，使鮮卑數萬散居人間，此必爲害之勢也。……」

魏志二八鄧艾傳：又陳：「羌胡與民同處者，宜以漸出之，使居民表。」

## 卷四十九　列傳第十九

### 嵇康

嵇康字叔夜，譙國銍人也。……銍有嵇山，家于其側，因而命氏。……所與神交者惟陳留阮籍、河内山濤，豫其流者河内向秀、沛國劉伶、籍兄子咸、琅邪王戎，遂爲竹林之游，世所謂「竹林七賢」也。

水經注九清水篇云：又逕七賢祠東，左右筠篁列植，冬夏不變貞萋。郭緣生述征記云：白鹿山東南二十五里有嵇公故居，以居時有遺竹焉。

## 卷五十二　列傳第二十二

### 華譚

陳敏之亂，吳士多爲其所逼。顧榮先受敏官，而潛謀圖之。譚不悟榮旨，露檄遠近，極言其非，由此爲榮所怨。

本書六八賀循傳，一百陳敏傳。

## 卷五十四　列傳第二十四

### 陸機

陸機字士衡，吴郡人也。祖遜，吴丞相。

吴志十三：世江東大族。遜少孤，隨從祖廬江太守康在官。注引陸氏世頌曰：遜祖紆，……守城門校尉。父駿，……官至九江都尉。吴志十二陸績傳：父康，漢末為廬江太守。注引謝承後漢書曰：太守李肅察孝廉。

## 卷五十八　列傳第二十八

### 周處

周處字子隱，義興陽羨人也。父魴，吴鄱陽太守。處少孤，未弱冠，膂力絶人，好馳騁田獵。

吴志六十周魴傳：乃以魴為鄱陽太守，……被命密求山中舊族名帥為北敵所聞知者，令譎挑魏大司馬揚州牧曹休。魴答，恐民帥小醜不足仗任，事或漏泄，不能致休，乞遣親人齎牋七條以誘休。……事捷軍旋。……加裨將軍，賜爵關内侯。裴注引徐衆評曰：魴為郡守，職在治民，非君所命，自占誘敵，……雖事濟受爵，非君子所美。寅恪案：孫權令魴求山越酋長誘敵，魴即自應命，疑周氏亦非源出漢族。

### 周札

及〔王〕敦死，札、莚故吏並詣闕訟周氏之寃，宜加贈謚。……〔郗〕鑒又駁不同，而朝廷竟從〔王〕導議，追贈札衛尉，遣使者祠以少牢。

王導欲利用吳士，不傷其感情，非郗鑒等所知也。

## 卷五十九　列傳第二十九

### 八王

〔序〕西晉之政亂朝危，雖由時主，然而煽其風，速其禍者，咎在八王，故序而論之，總爲其傳云耳。

隋書三三經籍志史部舊事類：晉八王故事十卷，晉四王起事四卷，晉廷尉盧綝撰。

## 卷六十二　列傳第三十二

### 劉琨

〔趙王〕倫子荂，即琨姊壻也，故琨父子兄弟並爲倫所委任。

參見本書四四盧欽傳。

## 卷六十五　列傳第三十五

### 王導

時元帝爲琅邪王。……及徙鎮建康，吴人不附，居月餘，士庶莫有至者，導患之。會敦來朝，導謂之曰：「琅邪王仁德雖厚，而名論猶輕。兄威風已振，宜有以匡濟者。」

通鑑八六孝懷帝永嘉元年九月戊申琅邪王睿至建業條考異曰：導傳曰：……。是時睿在建業已三年矣，安得言「月餘」？又睿名論雖輕，安有為都督數年而「士庶莫有至者」？陳敏得江東，猶首用周、顧，以收人望；導為睿佐，豈得待數年然後薦之？然則導傳所云，難以盡信。今删去導語及敦名而已。

## 卷六十六　列傳第三十六

### 陶侃

〔杜〕弢將王貢精卒三千，出武陵江，誘五谿夷，以舟師斷官運，徑向武昌。

宋書九七、南史七九荆雍州蠻傳云：所在多深險，居武陵者，有雄谿、樠谿、辰谿、酉谿、舞谿謂之五谿蠻。

## 卷六十七　列傳第三十七

### 郗隆

〔留〕承曰：「太上承代已積十年，今上取四海不平，……使君若顧二帝，自可不行，宜急下檄文，速遣精兵猛將。若其疑惑，此州豈可得保也！」隆無所言，而停檄六日。

二帝者，太上惠帝、今上趙王倫也。

# 卷六十八　列傳第三十八

## 顧榮

顧榮字彦先，吴國吴人也，爲南土著姓。祖雍，吴丞相。

吴志七顧雍傳，注引吴録曰：「雍曾祖父奉，……潁川太守。」又傳云：蔡伯喈從朔方還，嘗避怨於吴，雍從學琴書。注引吴録曰：「雍字元歎，言為蔡雍之所歎，因以為字矣。」又云：雍為相十九年。

屬廣陵相陳敏反，南渡江。……假榮右將軍、丹楊内史。會敏欲誅諸士人，榮説之，……敏納其言，悉引諸豪族委任之。

南齊書五二（南史七二）文學傳：丘靈鞠，吴興烏程人也。世祖即位，轉通直常侍，尋領東觀祭酒。靈鞠曰：「人居官願數遷，使我終身為祭酒，不恨也。」永明二年，領驍騎將軍。靈鞠不樂武位，謂人曰：「我應還東掘顧榮塚。江南地方數千里，士子風流皆出此中。顧榮忽引諸傖渡，妨我輩塗轍，死有餘罪！」寅恪案：南北人勢力在江東之銷長可於此時見之，靈鞠語是其證。東觀祭酒與驍騎將軍，清濁懸殊，故以憤慨，斯又此時社會風尚及士大夫心理也。

周玘與榮及甘卓、紀瞻潛謀起兵攻敏。榮廢橋斂舟於南岸，敏率萬餘人出，不獲濟，榮麾以羽扇，其衆潰散。事平，還吳。

宋書八一（南史三五）顧覬之傳云：嘗與太祖坐論江左人物，言及顧榮。袁淑謂覬之曰：「吳人怯懦，豈辨作賊？」覬之正色曰：「卿乃以忠義笑人！」淑有愧色。

## 紀瞻

後舉秀才，尚書郎陸機策之。……對曰：「……今貢賢之塗已闓，而教學之務未廣，是以進競之志恒銳，而務學之心不修。……」

抱朴子外篇十五審舉篇：昔吳土初附，其貢士見偃以不試，今太平已近四十年矣，猶復不試，所以使東南儒業衰於在昔也。此乃見同於左衽之類，非所以別之也。

## 賀循

其先慶普，漢世傳禮，世所謂慶氏學。族高祖純，博學有重名，漢安帝時爲侍中，避安帝諱，改爲賀氏。曾祖齊，仕吴爲名將。

吴志十五賀齊傳，注引虞預晉書曰：齊伯父純，儒學有重名，漢安帝時為侍中、江夏大守。……齊父輔，永寧長。

著作郎陸機上疏薦循。

吴志二十賀邵傳，注引虞預晉書作「顧榮、陸機、陸雲表薦循。」

## 卷七十一　列傳第四十一

### 陳頵

頵與王導書曰：「中華所以傾弊，四海所以土崩者，正以取才失所。……」初，趙王倫篡位，三王起義，制己亥格。……頵意謂不宜以爲常式，駁之曰：「……其起義以來，依格雜猥，遭人爲侯，或加兵伍，或出皁僕，金紫佩士卒之身，符策委庸隸之門，……請自今以後宜停之。」

三國魏志十五司馬朗傳：朗以為天下土崩之勢，由秦滅五等之制，而郡國無蒐狩習戰之備故也。今雖五等未可復行，可令州郡並置兵，外備四夷，内威不軌，於策為長。又以為宜復井田。……議雖未施行，然州郡領兵，朗本意也。推以儒家之伏膺者司馬朗之意，其最後目的仍在恢復古之封建五等之制。其時兵書旁午，五等之制未可行，故暫時令州郡領兵耳。至武帝時，則蜀已滅，而吳亦在必滅，乃於滅吳之前，先有罷州郡兵之議，亦理之所可能者也。

## 卷八十八　列傳第五十八

### 庾衮

及〔齊王〕冏歸于京師，踰年不朝，衮曰：「晉室卑矣，寇難方興！」乃攜其妻子適林慮山，事其新鄉如其故鄉，言忠信，行篤敬。比及朞年，而林慮之人歸之，咸曰「庾賢」。

「庾賢」即「范賢」之類。郡齋讀書志：庾衮保聚圖一卷。

## 卷八十九　列傳第五十九

### 嵇紹

紹以天子蒙塵，承詔馳詣行在所。值王師敗績于蕩陰，百官及侍衛莫不散潰，唯紹儼然端冕，以身捍衛，兵交御輦，飛箭雨集，紹遂被害于帝側，血濺御服，天子深哀歎之。及事定，左右欲浣衣，帝曰：「此嵇侍中血，勿去。」……東海王越屯許，路經滎陽，過紹墓，哭之悲慟，刊石立碑，又表贈官爵。

藝文類聚四八裴希南侍中嵇侯碑：「夫君親之重，非名教之謂也。愛敬出於自然，而忠孝之道畢矣。樸散真離，背生殉利，禮法之興，于斯為薄，悲夫！銘曰：二儀肇建，君臣攸序，在親成孝，于敬成忠。」

## 沈勁

沈勁字世堅，吴興武康人也。父充。

宋書卷三五地理志吴興太守條：武康令吴分烏程、餘杭，立永安縣，晉武帝太康元年更今名。又卷一百序傳：〔沈戎〕因避地徙居會稽烏程縣之餘不鄉，遂世家焉。晉武帝平吴後，太康二年改永安為武康縣。參見本書卷九八沈充傳。

## 卷一百　列傳第七十

### 孫恩

孫恩字靈秀，琅邪人，孫秀之族也。世奉五斗米道。恩叔父泰，字敬遠，師事錢唐杜子恭。

本書本卷盧循傳，五九趙王倫傳，六二劉琨傳，四四盧諶傳，六七郗鑒傳，八〇王羲之傳，八四劉牢之傳。宋書一百自序：杜炅字子恭。

恩窮慼，乃赴海自沈，妖黨及妓妾謂之水仙，投水從死者百數。

南齊書五八東南夷傳林邑傳：〔人死〕乃取骨燒灰，投海中水葬。南史七八海南諸國傳扶南傳：水葬則投之江流。

## 卷一百七 載記第七

### 石季龍下

青、雍、幽、荆州徙户及諸氐、羌、胡、蠻數百餘萬，各還本土，道路交錯，互相殺掠，且饑疫死亡，其能達者十有二三。

參通鑑九九永和七年。

## 卷一百八 載記第八

### 慕容廆

慕容廆字弈洛瓌，昌黎棘城鮮卑人也。

魏志三十鮮卑傳注引魏書，檀石槐分三部，其中部大人名有慕容等，乃在東漢桓帝時。疑此爲附會。

## 卷一百十四　載記第十四

### 苻堅下

〔姚〕萇求傳國璽於堅曰：「萇次應符曆，可以爲惠。」堅瞋目叱之曰：「小羌乃干逼天子，豈以傳國璽授汝羌也！圖緯符命，何所依據？五胡次序，無汝羌名。違天不祥，其能久乎！璽已送晉，不可得也。」

通鑑一百六晉紀太元十年，胡注：胡、羯、鮮卑、氐、羌，五胡之次序也。「無汝羌名」謂讖文耳。姚萇自謂次應曆數，故堅亦以讖文為言。

## 卷一百二十一　載記第二十一

### 李雄

雄以西山范長生巖居穴處，求道養志，欲迎立爲君而臣之。長生固辭。……范長生自西山乘素輿詣成都，雄迎之於門，執版延坐，拜丞相，尊曰「范賢」。長生勸雄稱尊號，雄於是僭即帝位，赦其境内，改年曰太武。……加范長生爲天地太師，封西山侯。

本書八穆帝紀永和三年、五年條及五八周訪傳附撫傳。隋書三二經籍志經部易類：周易十卷，蜀才注。顔氏家訓書證篇：易有蜀才注，江南學士遂不知是何人。王儉四部目録不言姓名，題云「王弼後人」。謝炅、夏侯該竝讀數千卷書，皆疑是譙周。而李蜀書一名漢之書云：姓范名長生，自稱蜀才。南方以晉家渡江後，北間傳記皆名爲僞書，不貴省讀，故不見也。

## 卷一百二十六　載記第二十六

### 秃髮烏孤

秃髮烏孤，河西鮮卑人也。其先與後魏同出。八世祖匹孤率其部自塞北遷于河西。……匹孤卒，子壽闐立。初，壽闐之在孕，母胡掖氏因寢而産於被中，鮮卑謂被爲「秃髮」，因而氏焉。

北史二八，魏書四一源賀傳：自署河西王秃髮傉檀之子也。傉檀爲乞伏熾磐所滅，賀自樂都來奔。世祖謂賀曰：「卿與朕同源，因事分姓，今可為源氏。」魏志三十鮮卑傳注引魏書曰：桓帝時使……張奂征之，不克。……檀石槐……分其地為中、東、西三部。從右北平以東至遼，（遼）〔東〕接夫餘，〔濊〕貊為東部。……從右北平以西至上谷為中部。……從上谷以西至燉煌，西接烏孫為西部，其大人曰……曰律推演……等。北史一魏帝紀，魏書一序紀：黄帝以土德王，北俗謂土為「拓」，后為「跋」，故以為氏。宣皇帝諱推寅立，南遷大澤，方千餘里，厥土昏冥沮洳，謀更南徙，未行而崩。獻皇帝諱隣立，時有神人言於國曰：「此土荒遐，未足以建都邑，宜復徙居。」帝時年老，乃以位授子聖武皇帝諱詰汾。獻帝命南移，始居匈奴之故地。其遷徙策略多出宣、獻二帝，故人並號曰「推寅」，蓋俗云鑽研之義。始祖神元皇帝諱力微，三十九年遷於定襄之盛樂，四十二年遣子文帝（沙漠汗）如魏，且觀風土，魏景元二年也。宣帝至獻帝，其間六世。通鑑記檀石槐勇健，東、西二部皆歸之于漢桓帝永興二年，即西曆一五四年，而力微遣子如魏在魏元帝景元二年，即西曆二六一年，其間約有百年之久。力微之四十二年始遣子入魏，則魏書鮮卑西部大人之推演在檀石槐時，殆有與隣立之號推寅者同為一人之可能。至若宣帝之名推寅，則下距隣立尚有七世，恐太遠矣。李慈銘魏書札記疑推寅與推演有關，猶未甚確也。

（包敬第輯録）

# 後漢紀之部

晋
袁宏
撰

四部叢刊初編，上海
涵芬樓影印明嘉靖本

# 目次

後漢紀序……七五
光武皇帝紀卷第三……七五
光武皇帝紀卷第五……七六
光武皇帝紀卷第六……七六
光武皇帝紀卷第八……七七
孝明皇帝紀上卷第九……七八
孝章皇帝紀上卷第十一……七八
孝章皇帝紀下卷第十二……七八
孝和皇帝紀上卷第十三……八二
孝和皇帝紀下卷第十四……八二
孝殤皇帝紀卷第十五……八三
孝安皇帝紀卷第十七……八三

孝順皇帝紀卷第十八……八四
孝質皇帝紀卷第二十……八五
孝桓皇帝紀上卷第二十一……八五
孝桓皇帝紀下卷第二十二……八六
孝靈皇帝紀上卷第二十三……八八
孝靈皇帝紀中卷第二十四……八九
孝靈皇帝紀下卷第二十五……八九
孝獻皇帝紀卷第二十六……九〇
孝獻皇帝紀卷第三十……九二

## 後漢紀序

夫史傳之興，所以通古今而篤名教也。

參閱彥伯三國名臣贊序，及本書二十三黨錮論，本書卷三李業論，及光武即帝位論，卷五逢萌論，卷十二賈逵古文學論，十三曹褒制禮論，十三論班固撰漢書。二十二論黨錮即後漢書黨錮傳論所從出。又二十六蔡邕宗廟迭毀議，三十論漢魏禪代。晉書九十二文苑傳李充傳老子箴序，即後漢紀二十二彥伯論黨錮事所本也。又晉書九十四隱逸傳戴逵傳，同卷郭瑀傳亦可參考。

## 光武皇帝紀卷第三

袁宏（論李業）曰：……因實立名，未有殊其本者也。……夫然，故名盛而人莫之害，譽高而世莫之爭。

此聖人名教與老莊自然相同之說。

袁宏〈論光武即帝位〉曰：……夫愛敬忠信，出乎情性者也。……有尊有親，則名器崇矣；有本有舊，則風教固矣。

情性者，老莊之自然；風教、名器者，周孔聖人之道。兩者實同一本。

## 光武皇帝紀卷第五

袁宏〈論逢萌〉曰：……故肆然獨往，不可襲以章服者，山林之性也。鞠躬履方，可屈而爲用者，廟堂之材也。是以先王順而通之，使各得其性。

此范蔚宗後漢書黨錮傳序論之意。

## 光武皇帝紀卷第六

〔建武十年〕……霸乃築塢候，起亭鄣，自代郡至平城三百餘里。

後漢書卷五十王霸傳作「〔建武十三年〕……詔霸……堆石布土，築起亭障」，然則「塢候」之定義亦「堆石布土」也。

# 光武皇帝紀卷第八

袁宏（論馬援）曰：……苟才大者濟，智小者獨善，則涉乎通濟者其智彌廣矣。

「者」下「濟」上疑有奪文，或是「通」字。

爾中路悵然，欲退無途，其勢然也。

「爾」下疑有奪文。

馬援親遇明主，動應銜轡，然身死之後，怨謗並興。豈非過其才，爲之不已者乎？

「豈」字下疑有脱文。

袁宏（論封禪）曰：……書云：東巡狩，至于岱宗，柴傳曰：郊祀后稷，以祈農事。

「柴」下有奪誤。

## 孝明皇帝紀上卷第九

袁宏（論羌患）曰：夫民之性也，各有所禀。生其山川，習其土風。山川不同，則剛柔異氣；土風乖，則楚夏殊音。是以五方之民，厥性不均，阻險平易，其俗亦異。

此亦性分之説。

## 孝章皇帝紀上卷第十一

〔建初四年〕……於是馬后遇帝感養育之恩，遂帝名馬氏爲外家，故馬氏不蒙舅氏之寵。

「遇」字下有奪文。「遂帝」疑誤倒。「馬氏」當作「賈氏」。

## 孝章皇帝紀下卷第十二

〔建初八年〕……愍帝即位，左氏學廢。

「慼」字誤。

袁宏(論賈逵古文學)曰:……編述名跡,謂之春秋。

此亦本書自序之意。

故曰:詩之夫愚,書之失誣,易之失賊,禮之失煩,春秋之失亂,不可不察。

「夫」當作「失」。

聖人所以存先代之禮,兼六籍之文,將以廣物慣心,通于古今之道。

「慣」當作「貫」。

今去聖人之幾將千年矣,風俗民情治化之術將數變矣。

「之」下疑脱「世」字。

而漢初諸儒多案春秋之中復有同異,其後殷書禮傳往往間出,是非之倫不可勝言,六經之道可得詳，而治體云爲遷易無度矣。

「可」上疑奪「不」。

昔仲尼没而微言絶，七十子喪而大義乖，諸子之言紛然散亂。太史公談泮而定之以爲六家，班固演其所而明九流。

「泮」疑作「判」。「所」下疑有脱文。

夫以天下之事而以一人，即精神内竭，禍亂外作。

「一人」下疑有脱文。

故明者爲之視，聰者爲之聽，能者爲之使。雖三者爲之慮，不行而可以至，不爲而可以治。精神平粹，萬物自得，斯道家之大旨，而人君目處之術也。

「目」應作「自」。

居極則玄默之以司契，運通則仁愛之以教化。故道明其本，儒言其用，其可知也矣。

此調和孔老之説。

懼天下擾擾竟，故辯加位以歸真，此名家之所起。

「竟」上疑有脱誤。

〔章和〕元年（後漢書章帝紀作「二年」）春二月壬辰，帝崩于章德殿。遺詔無起寢廟，如光武帝故事。是日，太子即位，年十歲，太后臨朝。袁宏曰：非古也。易稱「地道無成，而代有終」，禮有婦人三從之義。然則后妃之在於欽承天敬恭中饋而已。故雖人母之尊，不得令於國，必有從於臣子者，則柔之性也。

「天」下疑有脱文。「人」下疑有奪文。

政之所階家制教關諸盛衰，建百司，修廢官，設家卿，以任權重收王君蕘幼。

此處有奪誤，不可句讀。

## 孝和皇帝紀上卷第十三

〔永元〕三年春正月甲子，皇帝加元服，儀用新禮。……擢曹褒爲射聲校尉。尚書張敏奏褒擅制禮儀，破亂聖術，宜加削誅。上寢其奏。是後衆人不能信褒所制，又會禮儀轉廹，遂寢而不行。袁宏〈論曹褒制禮〉曰：夫禮也，治心軌物，用之人道也者。其本所由，在於愛敬自然，發於心誠，而揚於事業者。

「禮也」下疑奪「者」字。又下文「道也者」之「也者」，疑倒，否則有奪誤。

## 孝和皇帝紀下卷第十四

袁宏〈論班超任尚事〉曰：「……三代建國，弗動遠略。……」

「動」當為「勤」之譌。

## 孝殤皇帝紀卷第十五

故自鄯善國治驢泥城，去洛陽七千一百里。北通車師前後王及車且彌、早陸、蒲類、條支，是爲車師六國。

可與高僧傳（卷一）康僧會傳附支謙傳「通六國語」參證。

## 孝安皇帝紀卷第十七

袁宏（論楊震）曰：……是以聖人知天理之區別，即物性之所託，混衆流以弘通，不有滯于一方；然後品類不失其所，而天下各遂其生矣。

此亦調和自然與名教之說。

## 孝順皇帝紀卷第十八

〔永建〕四年五月，漢陽都尉獻大珠，詔曰：「海内有災，太官減膳。都尉不宣揚本朝，而獻珠求媚，今其封還。」袁宏曰：……夫萬物之非能自止者也。上之所爲，民之準的也。今以不止之性，而殉準的於上，是彌而開之，使其侈競也。

「之」下「非」上疑脱「性」字。

華嶠曰：漢之十葉，王莽篡位。聞道術之士西門君惠、李守等多稱讖云「劉秀爲天子」。自光武爲布衣時數言此，及後終爲天子，故甚信其書。鄭興以忤意見疎，桓譚以遠斥憂死。及明章二帝祖述此意，故後世争爲圖譁之學，以矯世取資。

「譁」當作「緯」。

## 孝質皇帝紀卷第二十

袁宏(論李固)曰：……夫稱善人者，不必無一惡；言惡人者，不必無一善。故惡惡極有，時而然善，惡不絕善，中人皆是也。善不絕惡，故善人務去其惡；惡不絕善，故惡人猶貴於善。夫然故惡理常賤，而善理常貴。

句疑有譌奪。姑以意斷之，亦勉强可通。此類理論，幾乎後來天台宗之佛性惡之論矣。

## 孝桓皇帝紀上卷第二十一

袁宏(論寇榮)曰：……夫松竹貞秀，經寒暑而不衰；榆柳虚橈，盡一時而零落。此草木之性，脩短之不同者也。

此可與皇侃論語「歲寒然後知松柏之後凋也」義疏參觀，皆六朝之清談也。

袁宏(論李雲)曰：夫欲之則至，仁心獨行，人君之所易，人臣之所難也；動而有悔，希意恂制，人臣之所易，人君之所難也。

「恂」當作「徇」。

## 孝桓皇帝紀下卷第二十二

袁宏（論黨錮）曰：夫人生合天地之道，感於事動，性之用也。

陳璞兩漢紀校記：「事」下疑脱「而」字。

故動用萬方，參差百品，莫不順乎道，本乎情性者也。

藝文類聚四、初學記四李充學箴。王弼易文言「乾元者，始而亨者也。利貞者，性情也」注。

爲仁者博施兼愛，崇善濟物，得其志而中心傾之，然忘己以爲千載一時也。爲義者潔軌跡，崇名教，遇其節而明之，雖殺身糜軀，猶未悔也。

陳璞校記：「然」上疑有脱。

故因其所弘，則謂之風；節其所託，則謂之流。自風而觀，則同異之趣可得而見；以流而尋，則好惡之心於是乎區別。

仁即風，義即流；本即風，末即流；體即風，用即流。

是以古先哲王必節順群風，而導物爲流之途。

陳氏校記：句疑有誤。

戰國縱横，强弱相陵，臣主側席，憂在危亡，不曠日持久以延名業之士，而折節吐誠以招救溺之賓，故有開一説而饗執珪，起徒步而登卿相，而遊説之風盛矣。高祖之興，草創大倫，解赭衣而爲將相，舍介胄而居廟堂，皆風雲豪傑，屈起壯夫，非有師友深源（旁批：陳氏校記云：疑「淵源」。）可得而觀，徒以氣勇武功彰於天下，而任俠之風盛矣。逮乎元、成、明、章之間，尊師稽古，賓禮儒術，故人重其學，各見（旁批：陳氏校記云：「見」疑衍。）是其業，徒守一家之説，以争異同之辯，而守文之風盛矣。自兹以降，主失其權，閹豎當朝，佞邪在位，忠義之士發憤忘難，以明邪正之道，而肆直之風盛矣。

此范蔚宗黨錮傳序論之所本，前人似尚無言及之者。否則，不獨意旨全同，且多用「矣」字，决無此偶合之事也。

古之爲政，必置三公以論道德，樹六卿以議庶事，百司箴規諷諫。閭閻講肄，以修明業。於是觀行於鄉閭，察議於親隣，擧禮於朝廷，考績於所蒞。使言足以宣彼我，而不至於辯也；義足以通物心，而不至於爲佞也；學足以通古今，而不至於爲文也；直足以明正順，而不至於爲狂也。野不議朝，處不談務，少不論長，賤不辯貴，先王之教也。傳曰：「不在其位，不謀其政。天下有道，庶人不議。」此之謂矣。

莊子齊物論：「春秋經世，先王之志，聖人議而不辨。」「辨」義與此微異。此「辨」即辯是非，與議同。參世説任誕篇阮渾長成及阮仲容先幸姑家鮮卑婢條。務者，世務也。參世説文學篇樂令善於清言條。此論結言乃清議所以變為清談之故，至可注意！

## 孝靈皇帝紀上卷第二十三

袁宏（論鉤黨）曰：夫稱至治者，非貴其無亂，貴萬物得所而不失其情也。言善教者，非貴其無害也，貴性理不傷，性命咸遂也。

此論闡明聖人名教與老莊自然之異同，可為「將無同」之注腳。范蔚宗黨錮傳序亦是此意。此清談之真諦也。

> 夫稱誠而動，以理爲心，此情存乎名教者也；內不忘己以爲身，此利名教者也。情於名教者少，故道深於千載；利名教者衆，故道顯於當年。

陳璞校記云：「於」疑當作「存」。

## 孝靈皇帝紀中卷第二十四

> 嘉平四年春三月，五經文字刻石立于太學之前。

「嘉」字當作「熹」。

## 孝靈皇帝紀下卷第二十五

> 袁宏（論劉寬）曰：……善治人者雖不爲盜，終歸刻薄矣。

「善治人者」四字之下，疑有脱漏之句，蓋語意不貫也。

〔楊〕賜時居司徒，謂劉陶曰：「聞張角等黨輩熾盛，稍益滋蔓。今若下州郡捕討，恐驚動醜類，遂成反亂。今欲切勑刺史二千石，採別流民，咸遣護送，各歸本郡，以孤弱其黨，然後乃誅其渠帥，可不勞衆而定，何如？」陶曰：「此孫子所謂不戰而屈人之兵，廟勝之術也。」

據此，可知黄巾之起與流民有關。民之流散，殆因無田可耕，及賦税苛重之故耶？

己未詔曰：……儒法雜揉，學道浸微。

儒法雜揉。

## 孝獻皇帝紀卷第二十六

〔初平元年〕夏四月，以大司馬劉虞爲太傅。尚書令王允奏曰：「太史王立説孝經六隱事，令朝廷行之，消却災邪，有益聖躬。」詔曰：「聞王者當修德爾，不聞孔子制孝經有此而却邪者也。」允固奏請曰：「立學深厚，此聖人祕奥，行之無損。」帝乃從之。常以良日王允與王立入

> 爲帝誦孝經一章，以文二竹簞，畫九宮其上，隨日時而出入焉。

此事疑與天師道有關，俟考。新莽之事亦有類此者。

> 袁宏（論蔡邕宗廟迭毀議）曰：……夫君臣父子，名教之本也。然則名教之作，何爲者也？蓋準天地之性，求之自然之理，擬議以制其名，因循以弘其教，辯物成器以通天下之務者也。

此聖教與老莊異同問題之注腳。山濤謂嵇紹：「天地有時而消息，況於人乎？」顧亭林大非之，其實即彦伯此說之所本。蓋晉人清談之要旨也。

> 未有違失天地之性而可以序定人倫，矣乎自然之理而可以彰明治體者也。

「矣乎」二字不可通，疑「矣」譌誤。蔣本作「失乎」，林國贊校學海堂本作「違夫」，是也。

> 末學庸淺，不達名教之本，牽於事用，以惑自然之性。

「牽於事用」，即牽於名教之用也。

# 孝獻皇帝紀卷第三十

袁宏（論肉刑）曰：……若天下和史遷之寃，淫刑之所及也。

「天下」當是「夫卞」二字之誤。

袁宏（論荀彧）曰：夫默語也，賢人之略也。政卷舒廢興之間，非所謂以智屈伸，貴其多算，權其輕重，而揣難易。

參閱彦伯三國名臣贊序。「政」當是「故」之誤。

匹夫匹婦莫不咨嗟者，以其致功之本義和也。

「和」字誤。

千載之下觀其跡而悲其事，以爲功雖不就，道將何成也。

「何」當作「可」。

魏之乎亂，資漢之義，功之尅濟，苟生之謀。

「乎」當作「平」。

雖名蓋天下，而道不合順，終以憂卒，不殞不與義。

「不殞」句有譌奪。

（黄　敏輯録）

# 資治通鑑考異之部

宋　司馬光　編集

上海涵芬樓影印宋刊本

# 目次

卷三　晉紀武帝咸寧四年……九九
卷四　晉紀懷帝永嘉三年……九九
卷四　晉紀安帝義熙十二年……一〇〇
卷五　宋紀少帝(營陽王)景平元年……一〇〇
卷五　宋紀文帝元嘉十九年……一〇一
卷五　宋紀文帝元嘉二十年……一〇一
卷五　宋紀文帝元嘉三十年……一〇二
卷六　齊紀高帝建元元年……一〇二
卷七　梁紀武帝普通七年……一〇三
卷七　隋紀煬帝大業十二年……一〇三
卷八　隋紀恭帝義寧元年……一〇四
卷十二　唐紀玄宗開元元年……一〇六

卷十九　唐紀德宗貞元五年……一〇七
卷十九　唐紀德宗貞元八年……一〇八
卷二十二　唐紀宣宗會昌六年……一〇八
卷二十三　唐紀懿宗咸通元年……一〇八

## 卷三　晉紀武帝咸寧四年

傅玄卒。（玄傳曰：五年，遷太僕，轉司隸。景獻皇后崩，坐争位、駡尚書免，尋卒。按：景獻后崩在四年，玄傳誤也。）

晉書傅玄傳實謂玄遷太僕在〔泰始〕五年，后崩在咸寧四年也。故玄傳不誤。勞格晉書校勘記已正温公之偶爾疏忽。

## 卷四　晉紀懷帝永嘉三年

白部鮮卑。（劉琨集作「百部」，今從後魏書、晉書。）

鮮卑有「白虜」之稱，殆以此故。

## 卷四　晉紀安帝義熙十二年

義熙十二年二月，姚興卒。（晉本紀、三十國、晉春秋皆云「義熙十一年二月姚興卒」。魏本紀、北史本紀、姚興姚泓載記皆云「十二年」。按：後魏書崔鴻傳：太祖天興二年，姚興改號。鴻以爲「元年」，故晉本紀、三十國、晉春秋凡弘始後事皆在前一年，由鴻之誤也。）見魏書六十七、北史四十四崔光傳附鴻傳。

## 卷五　宋紀少帝（營陽王）景平元年

景平元年正月，魏叔孫建入臨淄。（索虜傳云：虜又遣楚兵將軍、徐州刺史安平公涉歸……東擊青州，所向城邑皆奔走。本紀亦云：安平公涉歸寇青州。按：後魏書無涉歸等姓名，蓋皆胡中舊名，即叔孫建等也。）

參閱本卷景平十九年魏安西將軍古弼條及卷六建元元年十一月豫章王嶷遣蕭惠朗助蕭景先討天蓋條。

# 卷五　宋紀文帝元嘉十九年

魏安西將軍古弼（宋索虜傳作吐奚愛弼，氐胡傳作吐奚弼，蓋其舊姓。今從後魏書。）

參閱本卷景平元年魏叔孫建入臨淄條，及卷六建元元年十一月蕭惠朗助蕭景先討（謝）天蓋條。

# 卷五　宋紀文帝元嘉二十年

十一月，魏主令太子副理萬機。（宋索虜傳：晃與大臣崔氏、寇氏不睦，崔、寇譖之。玄高道人有道術，晃使祈福七日七夜。佛狸夢其祖父，並怒，手刃向之曰：「汝何故信讒欲害太子？」佛狸驚覺，下僞詔曰：「王者大業，纂承爲重，儲宮嗣紹，百王舊例。自今已往，事無巨細，必經太子，然後上聞。」事節小異，今從後魏書。）

此南齊書魏虜傳語，司馬君實誤記為宋書索虜傳。近人孫彪宋書考論因疑今本宋書脱去此節，蓋未詳考。孫作見北平圖書館館刊第九卷四號。參見高僧傳十二玄高傳。

## 卷五　宋紀文帝元嘉三十年

四月癸亥，柳元景至新亭。（宋略云：壬戌，元景次新林，依山爲壘。按：本紀：癸亥，元景至新亭。元景傳：元景至新亭，經日，劭乃水陸出軍。今從之。）

宋書七七柳元景傳云：「元景至新亭，（中略）經日，劭乃水陸出軍。」而南史三八柳元景傳僅有「元景大喜，倍道至新亭」之句，而無「經日，劭乃水陸出軍」之語。據此，知温公作通鑑必曾用宋書柳元景傳，而其書李初古拔父子事，亦出宋書柳元景傳無疑也。

## 卷六　齊紀高帝建元元年

十一月，謝天蓋欲附魏韋珍，引兵應接。豫章王嶷遣蕭惠朗助蕭景先討天蓋。（齊蕭景先傳云：天蓋與虜相構扇，景先言於督府。豫章王遣惠朗助景先討天蓋黨與。虜尋遣僞南部尚書頞跋屯汝南，洛州刺史昌黎王馮莎屯清丘。景先嚴備待敵，虜退。……按：魏將無頞拔、馮莎，而惠、景亦非討天蓋之將，蓋時二國之史各出傳聞，互有訛謬，今約取二史大槩而用之。）

參閱卷五景平元年正月魏叔孫建入臨淄條，及同卷魏安西將軍古弼條。

## 卷七　梁紀武帝普通七年

五月，魏廣陽王深。（魏帝紀作淵。今從列傳及北史。）

魏書肅宗紀及元湛墓誌均作淵。「淵」云「深」，乃唐人避諱所改，司馬公何其誤也？

## 卷八　隋紀煬帝大業十二年

十月，李密之亡，抵郝孝德。（韓昱壺關録曰：大業十一年正月，歷亭鎮將王該認形狀獲李密，送宇文述。密佯患足疾，防守者一日不行一二十里。忽至一澗，水深岸嶮，密跛足寅緣，佯足蹶，返撲而墜，乃至良久，狀若未蘇。防守者又無計下取之，遂以手中槍戟引之。密以手援戟，佯作失勢，推戟向水。守者以危岸，手探不住，遂即放却。密即得鏘，擱守者二人俱斃，遂投郝孝德於平原。按：密，楊玄感之黨，前已詐亡，防者豈得不加械繫，怠慢如此？今不取。）

今説郛三十八題太行山人韓□撰壺關録。檢其書，無此條。蓋其書元時已佚，後人鈔輯成之，故闕此節也。

## 卷八　隋紀恭帝義寧元年

李密號魏公，稱〔永平〕元年。（壺關録云：王伯當令密於西垣校射，書「王」字於堋上如錢，約中者爲主，其次以近遠爲拜官高下，使賈雄執箭仰天而誓。密正中字心，遂奉以爲主。其説鄙陋，今不取。）

説郛本壺關録無此條，蓋韓昱原書早佚，今傳本蓋後人掇拾而成，故闕此條耳。

密築洛口城，周四十里。（壺關録云：周四十八里。今從隋書。）

説郛一七壺關録亦無此條。

楊德芳死。（壺關録作王德仁。今從河洛記。）

說邪本壺關録無此節。

密以鄭乾象爲右司馬。（隋、唐書皆作虔象，唯壺關録作乾象，云：密殺其兄乾覆，乾覆之子會通後從盛彦師殺密。今從之。）

說邪本壺關録亦無之。

淵以書招李密。（壺關録云：高祖屯壽陽，遣右衛將軍張仁則齎書招李密。蒲山公傳密答書曰：使至辱今月十九日書。按：長曆是月己酉朔，十九日丁卯，不應己巳還至霍邑；又發書日不應猶在壽陽。今皆不取。）

今壺關録無此條。

李靖素與淵有隙。（柳芳唐曆及〔舊〕唐書靖傳云：高祖擊突厥於塞外。靖察高祖，知有四方之志，因自鎖上變，將詣江都，至長安，道塞不通而止。按：太宗謀起兵，高祖尚未知，知之猶不從。當擊突厥之時，未有異志，靖何從察知之？又上變當乘驛取疾，何爲自鎖也？今依靖行狀云：昔在隋朝，曾經忤旨，及兹城陷，高祖追責舊言，公忼慨直論，特蒙宥釋。但行狀題云魏徵撰，非也。按：徵以貞觀十七年卒，靖二十三年乃卒，蓋後人爲之託徵名。又叙靖事極怪誕無取，唯此可爲據耳。）

疑是與虬髯傳同類之紀述，故温公有「極怪誕無取」之評語。

## 卷十二　唐紀玄宗開元元年

十月，姚元之同三品。（世傳升平源以爲吴兢所撰，云「姚元崇初拒太平得罪，上頗德之。既誅太平，方任元崇以相。……以十事上獻」云云。）

大唐新語一匡贊一亦節引升平源之文。新唐書藝文志子部小説類：陳鴻開元升平源一卷（原注：字大亮，貞元主客郎中。）宋史藝文志史部傳記類：陳鴻東城老父傳一卷。全唐文七二〇：陳鴻祖，潁川人。所載文僅東城老父傳一篇。全唐文六一二：陳鴻，大和三年官尚書主客郎中。全唐文所以改新唐書之貞元為大和，以廬州同食館記之故。唐文粹九五有陳鴻大統紀序。

## 卷十九　唐紀德宗貞元五年

三月，李泌好談神仙，爲世所輕。（國史補曰：李泌相以虛誕自任，嘗對客曰：「教家人速灑掃，今夜洪崖先生來宿。」有人遺美酒一榼，會有客至，乃曰：「麻姑送酒來，與君同傾。」傾之未畢，閽者曰：「某侍郎取榼子。」泌令倒還之，略無怍色。舊泌傳曰：「德宗初即位，尤惡巫祝、怪誕之士。及建中末，寇戎内梗，桑道茂有城奉天之説，上稍以時日禁忌爲意，而雅聞泌長於鬼道，故自外徵還，以至大用。時論不以爲愜。及在相位，隨時俯仰，無足可稱。復引顧況輩輕薄之流，動爲朝士戲侮，頗貽譏誚。泌放曠敏辯，好大言，自出入中禁，累爲權倖忌嫉，恒由智免；終以言論縱横，上悟聖主，以躋相位。初，泌流放江南，與柳渾、顧況爲人外之交，吟詠自適。而渾先達，故泌復得入官於朝。況，蘇州人。」按：泌雖詭誕好談神仙，然其知略實有過人者。至於佐肅、代，復兩京，不受相位而去；代宗、順宗之在東宫，皆賴泌得安，此其大節可重者也。舊傳毁之太過，家傳出於其子，雖難盡信，豈得盡不信？今擇其可信者存之。）

太平廣記二八九妖妄二李泌條引國史補，即温公所引。又廣記同卷李長源條引辨疑志云：李長源常服氣導引，并學郭步方術之事。

## 卷十九　唐紀德宗貞元八年

貶竇參爲郴州别駕。（柳珵上清傳云云。）

太平廣記二七五引上清傳，下注出異聞集。異聞集乃陳翰所輯。

## 卷二二一　唐紀宣宗會昌六年

四月，李德裕同平章事、荆南節度使。

舊傳載窮愁志冥報有當論，故謂出領荆南事亦與之符合，頗疑窮愁志非德裕自撰也。

## 卷二三　唐紀懿宗咸通元年

九月，劉鄴請贈李德裕官。（裴旦李太尉南行録云云。）

通鑑大中十三年冬十月辛卯赦天下。又新唐書九懿宗紀雖載：大中十三年十月辛卯，大赦，賜文武官階、勳、爵，耆老粟帛；然舊唐書十九懿宗紀載：咸通元年十一月丁未，上有事於郊廟，禮畢，御丹鳳門，大赦，改元。劉鄴表「去年遇陛下布惟新之命，覃作解之恩」，或指此事。然則裴旦南行録載此表上於咸通二年，殊與史實相合也。通鑑咸通元年十一月丁丑，上祀圜丘，赦，改元。

（包敬第輯録）

# 唐律疏議之部

唐　長孫無忌等撰

國學基本叢書，一九三三年

上海商務印書館印行

# 目次

卷第一　名例一……一一五
卷第三　名例三……一一六
卷第六　名例六……一一七
卷第七　衛禁上……一一七
卷第十二　户婚上……一一八
卷第十四　户婚下……一一九
卷第十六　擅興……一二〇
卷第十七　賊盜一……一二〇
卷第二十一　鬭訟一……一二一
卷第二十六　雜律上……一二二
卷第二十八　捕亡……一二三
卷第二十九　斷獄上……一二三

書末補記……………………………………………………………一一三

# 卷第一　名例一

晉命賈充等增損漢魏律，爲二十篇，於魏刑名律中，分爲法例律。宋齊梁及後魏因而不改。爰至北齊，併刑名、法例爲名例。後周復爲刑名。隋因北齊，更爲名例。唐因於隋，相承不改。

此隋唐因用北齊不承襲後周之一例證。

十惡：

一曰謀反。注謂謀危社稷。

疏議曰：社爲五土之神，稷爲田正也。所以神地道主司嗇。君爲神主，食乃人天。主泰即神安，神寧即時稔。臣下將圖逆節而有無君之心。君位若危，神將安恃？不敢指斥尊號，故託云社稷。周禮云：左祖右社，人君所尊也。

孟子（盡心下）：「民為貴，社稷次之，君為輕。」君與社稷本不同，此疏專指君言，後起之義也。

## 卷第三　名例三

若姦監臨内雜户、官户、部曲妻及婢者，免所居官。

疏議曰：雜户者，謂前代以來配隸諸司，職掌課役不同百姓，依令老免、進丁、受田依百姓例，各於本司上下。官户者，亦謂前代以來配隸相生，或有今朝配没，州縣無貫，唯屬本司。部曲妻者，通娶良人女爲之。及婢者，官私婢亦同。但在監臨之内姦者，强和並是。從府號官稱以下，犯者並合免所居官。

參卷十二户婚上，及卷六名例六，本卷名例三。

諸工樂雜户及太常音聲人。

疏議曰：工樂者，工屬少府，樂屬太常，並不貫州縣。雜户者，散屬諸司上下，前已釋訖。太常音聲人，謂在太常作樂者，元與工樂不殊，俱是配隸之色，不屬州縣，唯屬太常。義寧（隋末年號）以來，得於州縣附貫，依舊太常上下，别名太常音聲人。

參卷三名例三，卷六名例六，卷十二户婚上。

## 卷第六　名例六

諸官户部曲（稱部曲者，部曲妻及客女亦同。）官私奴婢有犯，本條無正文者，各準良人。

疏議曰：官户隸屬司農，州縣元無户貫。部曲謂私家所有，其妻通娶良人客女奴婢爲之。部曲之女亦是犯罪，皆與官户部曲同。官私奴婢有犯，本條有正文者，謂犯主及毆良人之類，各從正條。其本條無正文，謂闌入越度，及本色相犯，并詛詈祖父母、父母、兄姊之類，各準良人之法。

參卷三名例三，及卷十二户婚上。

## 卷第七　衛禁上

疏議曰：衛禁律者，秦漢及魏未有此篇。晉太宰賈充等酌漢魏之律，隨事增損，創制此篇，名爲宫衛律。自宋洎于後周，此名並無所改。至於北齊，將關禁附之，更名禁衛律。隋開皇改爲衛禁律。

此隋唐律因襲北齊而與後周異之例證。

## 卷第十二　户婚上

疏議曰：户婚律，漢相蕭何承秦六篇律，後加廄興户三篇，爲九章之律。迄至後周，皆名户律。北齊以婚事附之，名爲婚户律。隋開皇以户在婚前，改爲户婚律。

此隋唐襲齊不承周之一例證。

諸養雜户男爲子孫者，徒一年半；養女杖一百；官户各加一等。與者亦如之。

疏議曰：雜户者，前代犯罪没官，散配諸司驅使，亦附州縣户貫，賦役不同白丁。若有百姓養雜户男爲子孫者，徒一年半；養女者杖一百；養官户者各加一等。官户亦是配隸没官，唯屬諸司，州縣無貫。與者各與養者同罪，故云亦如之。

參卷三名例三，卷六名例六。

# 卷第十四　户婚下

諸同姓爲婚者，各徒二年。緦麻以上，以姦論。

若外姻有服屬者，而尊卑共爲婚姻，及娶同母異父姊妹，若妻前夫之女者，（謂妻所生者，餘條稱前夫之女者準此。）亦各以姦論。

其父母之姑舅兩姨姊妹，及姨若堂姨，母之姑堂姑，己之堂姨及再從姨，堂外甥女，女婿姊妹，並不得爲婚姻，違者各杖一百並離之。

唐摭言二恚恨條：太和初，李相回任京兆府參軍主試，不送魏相公，蓍深銜之。後回謫牧建州，蓍大拜。回怒一衙官，決杖勒停，其人亡命至京師訴寃。魏公導騎自中書而下，其人常懷文狀望塵而拜，導從問，對曰：「建州百姓訴寃。」公覽狀，所論二十餘件，第一件取同姓之女入宅。於是魏相極力鍛成大獄。時李相公已量移鄧州刺史，行次九江，遇御史鞫，却回建陽。竟坐貶撫州司馬，終於貶所。

## 卷第十六　擅興

疏議曰：擅興律者，漢相蕭何創爲興律。魏以擅事附之，名爲擅興律。晉復去擅爲興。又至高齊，改爲興擅律。隋開皇，改爲擅興律。雖題目增損，隨時沿革，原其旨趣，意義不殊。

隋書刑法志載周律篇目八曰興繕。

## 卷第十七　賊盜一

疏議曰：賊盜律者，魏文侯時李悝首制法經，有盜法、賊法，以爲法之篇目。自秦漢逮至後魏，皆名賊律、盜律。北齊合爲賊盜律。後周爲劫盜律，後有賊叛律。隋開皇合爲賊盜律，至今不改。

此隋唐襲齊不承周之一例證。

## 卷第二十一　鬭訟一

疏議曰：鬭訟律者，首論鬭毆之科，次言告訟之事。從秦漢至晉，未有此篇。至後魏太和年，分擊訊律爲鬭律。至北齊，以訟事附之，名爲鬭訟律。後周爲鬭競律。隋開皇依齊鬭訟名，至今不改。

此隋唐襲齊不承周之一例證。

## 卷第二十六　雜律上

疏議曰：李悝首制法經，而有雜法之目，遞相祖習，多歷年所。然至後周，更名雜犯律。隋又去犯，還爲雜律。

隋書刑法志載齊律篇目第十二曰雜，周律篇目第十九曰雜犯。此隋唐襲齊而不承周之一例證。

## 卷第二十八　捕亡

疏議曰：魏文侯時李悝制法經六篇，捕法第四。至後魏名捕亡律。北齊名捕斷律。後周名逃捕律。隋復名捕亡律。

此則隋唐越周齊而襲用後魏之名也。所以然者，以隋襲周别立斷獄一篇，不似齊之與捕亡合而為捕斷也。

## 卷第二十九　斷獄上

疏議曰：斷獄之名起自於魏，魏分李悝囚法而出此篇。至北齊，與捕律相合，更名捕斷律。至後周，復爲斷獄律。

此則似隋唐襲周而不承齊之一例，殊為僅見。其實，隋襲北魏分捕斷為二，非因北周也。

## 書末補記

玉海五十一引韋述集賢注記：「〔開元〕二十六年，奏草上〔六典〕，詔下有司，百寮表賀。至今在書院，亦不行用。」

玉海四十八引韋述集賢注記序云：「述自登書府至天寶十五載，凡四十年。緬想同時，凋亡已盡，後來賢彥，多不委書院本末，歲月漸久，或慮湮沈。敢因東觀之暇，聊記置院經始及前後學士名氏，事皆親覩，不敢遺隱。時丙申歲二月也。」

寅恪案：丙申即天寶十五載，是歲七月，肅宗改元至德。

史記五秦本紀：「〔文公〕二十年，法初有三族之罪。」張晏曰：「父母、兄弟、妻子也。」如淳曰：「父族、母族、妻族也。」

（包敬第輯録）

# 人物志之部

魏 劉邵 撰

涼 劉昞 注

上海涵芬樓影印明正德刊本

# 目次

卷上　夫學所以成材也……一二九
卷中　凡所謂能大而不能小，其語出於性有寬急……一二九
卷中　何謂觀其愛敬，以知通塞，蓋人道之極，莫過愛敬……一三〇

## 卷上

夫學所以成材也，（彊毅靜其抗，柔順厲其懦。）恕所以推情也，（推己之情，通物之性。）偏材之性，不可移轉矣。（固守性分，聞義不徙。）

此則鍾會才性合之說也。

## 卷中

凡所謂能大而不能小，其語出於性有寬急。（寬者弘裕，急者急切。）性有寬急，故宜有大小。（寬弘宜治大，急切宜治小。）寬弘之人宜爲郡國，使下得施其功，而總成其事。（急切則煩碎，事不成。）急小之人宜理百里，使事辦於己。（弘裕則網漏，庶事荒矣。）然則郡之與縣，異體之大小者也，（明能治大郡則能治小郡，能治大縣亦能治小縣。）以實理寬急論辨之，則當言大小異宜，不當言能大不能小也。（若能大而不能小，仲尼豈不爲季氏臣？）若夫雞之與牛，亦異體之小大也，（鼎能烹牛，亦能烹雞；銚能烹雞，亦能烹犢。）故鼎亦宜有大小，若以烹犢，則豈不能烹雞乎？（但有宜與不宜，豈有能與不能？）故能治大郡，則亦能治小郡矣。推此論之，人材各有所宜，非獨大小之謂也。

此則向〔秀〕、郭〔象〕注莊子逍遥遊小大各適其性説之所由起也。孔才（劉邵字）但論大小之宜及治郡國、百里之實，向、郭則純為抽象之論，所以為清談者實在此。而劉氏亦僅論人倫之理，而不涉政事之實，是亦由後漢清談轉為魏晉清談之過渡階段而已。

## 卷中

何謂觀其愛敬，以知通塞，蓋人道之極，莫過愛敬。（愛生於父子，敬立於君臣。）是故孝經以愛爲至德，（起父子之親，故爲至德。）以敬爲要道。（終君臣之義，故爲道之要。）易以感爲德，（氣通生物，人得之以利養。）以謙爲道。（尊卑殊別，道之次序。）老子以無爲德，（施化無方，德之則也。）以虛爲道。（寂寞無爲，道之倫也。）禮以敬爲本。（禮由陰作，肅然清净。）樂以愛爲主。（樂由陽來，歡然親愛。）

世説文學篇：殷荊州曾問遠公：「易以何為體？」答曰：「易以感為體。」宋王應麟困學紀聞引此云：「愚謂易言虛而不言無，與老氏異。」

（包敬第輯録）

# 雲谿友議之部

唐 范攄 撰

四部叢刊續編本

# 目次

卷上　舞娥異……一三五
卷下　艷陽詞……一三六

## 卷上　舞娥異

李八座翺潭州席上，有舞柘枝者，匪疾而顏色憂悴。殷堯藩侍御當筵而贈詩曰：「姑蘇太守青娥女，流落長沙舞柘枝。滿座繡衣皆不識，可憐紅臉淚雙垂。」明府詰其事，乃故蘇臺韋中丞愛姬所生之女也。（夏卿之胤，正卿之侄。）

舊唐書十七下文宗紀：大和八年冬十二月己亥，以宗正卿李仍叔為湖南觀察使，代李翺；以李翺為刑部侍郎，代裴璘。

舊唐書一六〇李翺傳：「（大和）七年，改授潭州刺史、湖南觀察使。八年，徵為刑部侍郎。」呂和叔文集六故太子少保贈尚書左僕射京兆韋府君神道碑，夏卿「以元和元年（即西曆八〇六年）三月十二日薨於東都永信里之私第」。則至大和七、八年（西曆八三三、四），將及三十矣。元微之卒於大和五年武昌軍節使任内。

## 卷下　艷陽詞

〔元稹〕初娶京兆韋氏，字蕙藂，官未達而苦貧。繼室河東裴氏，字柔之。二夫人俱有才思，時彥以爲嘉偶。初韋蕙藂逝，不勝其悲。爲詩悼之曰：「謝家最小偏憐女，嫁與黔婁百事乖。顧我無衣搜畫篋，泥他沽酒拔金釵。野蔬充膳甘長藿，落葉添薪仰古槐。今日贈錢過百萬，爲君營奠復營齋。」

今傳本元氏長慶集俱作「俸錢過十萬」，蓋以月俸言也。若百萬，以年俸言，則仍太少。大曆十二年四月二十八日，定京官最高月俸八千外，月料錢只一百二十貫，即十二萬。大曆十二年五月，定外官俸，觀察使除刺史正俸外，月給料錢一百貫。與上州刺史月俸合計之，則據舊唐書四二職官志，從第三品。依唐會要開元二十四年六月二十三日敕，三品月俸五千。其為月俸料一百五貫，即十萬五千。若韋氏初喪時微之為監察御史，階正八品，據開元二十四年制，月俸僅一千三百，合大曆十二年加給料錢十五貫，共為十六貫三百文，即一萬六千三百文。又據新唐書四九百官志四下，司士曹參軍，從七品下。開元二十四年制，月俸一千七百五十。大曆十四年五月制，加給料錢上州參軍十五貫。共為十六貫七百五十，即一萬六千七百五十也。此與百萬之數相去太遠矣。

又參考才調集五初除浙東妻有沮色七句宋邦綏注及寅恪自注。

據元氏長慶集五「小年閑愛春」五古題，微之之貶江陵士曹，其詔書之下，在元和五年三月六日以後。及元集六宿層峯館夜對桐花五古，則在元和五年三月二十四日以前也。

（蔣天樞輯録）

# 酉陽雜俎之部

唐

段成式

撰

上海涵芬樓影印

明趙氏脉望館刊本

# 目次

前集卷之十一　西域書有六十四種……一四三
續集卷之三　河南少尹韋絢……一四三
續集卷之四　門吏陸暢……一四四

## 前集卷之十一

西域書有驢脣書、蓮葉書、節分書、大秦書、馱乘書、牸牛書、樹葉書、起屍書、石旋書、覆書、天書、龍書、鳥音書等，有六十四種。

此出本行集經。

## 續集卷之三

河南少尹韋絢，少時常於夔州江岸見一異蟲，初疑棘鍼一枝，從者驚曰：「此蟲有靈，不可犯之，或致風雷。」

劉賓客嘉話録序，韋絢作。其官銜為江陵少尹。絢為河南少尹，他書似未載，俟檢。

# 續集卷之四

予門吏陸暢，江東人。語多差誤，輕薄者多加諸以爲劇語。予爲兒時，常聽人說：陸暢初娶童溪女，每旦，羣婢捧匜，以銀奩盛藻豆。陸不識，輒沃水服之。其友生問：「君爲貴門女婿，幾多樂事？」陸云：「貴門禮法甚有苦者，日俾予食辣麨，殆不可過。」近覽世說新書云：王敦（敦）初尚公主，如厠，見漆箱盛乾棗，本以塞鼻，王謂厠上下果，食至盡。既還，婢擎金漆盤貯水，琉璃椀進藻豆，因倒著水中，既飲之，羣婢莫不掩口。

「童」字疑「董」字之誤。陸暢，見韓昌黎集五送陸暢歸江南詩「舉舉江南子」云云。董溪，為晉第二子，貶死湘中。見昌黎撰董溪墓誌：「溪，字惟深，丞相隴西公第二子，長女嫁吴郡陸暢。」

（包敬第輯録）

# 弘明集之部

梁 釋僧祐 編

清光緒二十二年
金陵刻經處刊本

# 目次

卷第二　明佛論……一四九
卷第三　答何衡陽書（第二通）……一四九
卷第三　喻道論……一五〇
卷第八　滅惑論……一五〇
卷第十三　日燭……一五一

## 卷第二　明佛論一名神不滅論　〔宋〕宗炳

今百代衆書，飄蕩於存亡之後，理無備在，豈可斷以所見，絶獻酬於孔、老哉！東方朔對漢武劫燒之説，劉向列仙叙，七十四人在佛經。學者之管窺於斯，又非漢明而始也。但馳神越世者衆而顯，結誠幽微者寡而隱，故潛感之實，不揚於物耳。

「談劫盡之灰飛」，西京雜記之説昆明，固已有之矣。

今劉向列仙傳無此序。抱朴子屢稱劉向列仙傳，并及阮倉，是其所見，當與今本同。少文及僧祐所見中壘之序，必為又經僧徒所附益之本也。

## 卷第三　答何衡陽書（第二通）　〔宋〕宗炳

恒星不見，夜明也。考其年月，即佛生放光之夜也。

此「辯常星之夜落」説，或即起於宗炳之時。

## 卷第三　喻道論　〔晉〕孫綽

或難曰：周孔之教，以孝爲首。孝德之至，百行之本。本立道生，通於神明。故子之事親，生則致其養，没則奉其祀。三千之責，莫大無後。體之父母，不敢夷毁。是以樂正傷足，終身含愧也。而沙門之道，委離所生，棄親即疏。刓剃鬚髮，殘其天貌。生廢色養，終絶血食。骨肉之親，等之行路，背理傷情，莫此之甚！

難佛教不孝。

## 卷第八　滅惑論　〔梁〕劉勰

第二破曰：入家而破家。使父子殊事，兄弟異法，遺棄二親，孝道頓絶。憂娱各異，歌哭不同，骨血生讎，服屬永棄。悖化犯順，無昊天之報。五逆不孝，不復過此。

破家不孝。

第三破曰：入身而破身。人生之體，一有毀傷之疾，二有髡頭之苦，三有不孝之逆，四有絶種之罪，五有亡體從誡。唯學不孝，何故言哉？誡令不跪父母，便競從之。兒先作沙彌，其母後作阿尼，則跪其兒。不禮之教，中國絶之，何可得從！

破身不孝。

## 卷第十三　日燭　王該

閻王領閱，卒傍執叙。三扐一奮，百千累羅。

後世嘍囉或始於此。又此處自當指Naraka言，不解泥母何以讀作來母也。

（陳正宏輯録）

# 廣弘明集之部

唐　釋道宣輯

一九一二年揚州周楚江刊本

# 目次

卷第一　漢顯宗開佛化法本内傳……一五七
卷第一　元魏孝明帝召釋道門人論佛先後……一五七
卷第二十　與諸道人辨宗論……一五八
卷第二十一　辯宗論之餘……一五九
卷第二十一　答綱公難……一六〇
卷第二十一　問謝永嘉……一六一
卷第二十一　答王衛軍問并書……一六二
卷第二十一　重答謝永書……一六三
卷第二十四　解二諦義令旨并問答……一六三
卷第二十七　答王曼穎書……一六三

## 卷第一　漢顯宗開佛化法本内傳　未詳作者

集古今佛道論衡卷一亦載漢法内傳之文。（録者注：此條注於本文題目之天頭。）

傳有五卷，略不備載。有人疑此傳近出，本無角力之事。按吴書，明費叔才憾死。故傳爲實録矣。

隋書經籍志正史部：吴書二十五卷，韋昭撰。

## 卷第一　元魏孝明帝召釋道門人論佛先後　出魏書

隋志：後魏書一百卷，著作郎魏彦深撰。即魏澹，字彦淵，見北齊書魏蘭根傳。（録者注：此條注於本文題目之天頭。）

## 卷第二十　與諸道人辨宗論　謝靈運

今去釋氏之漸悟，而取其能自。去孔氏之殆庶，而取其一極。一極異漸悟，能至非殆庶。故理之所去，雖合各取，然其離孔釋矣。

「自」殆「至」之譌，待考。

頃檢大正大藏，「自」乃「至」之誤。

昔向子期以儒道爲壹，應吉甫謂孔老可齊，皆欲窺宗，而況真實者乎？

應貞字吉甫，汝南人，璩子。仕至太子中庶子、散騎常侍。晉泰始五年卒。見魏志王粲傳（卷二十一）注。

學聖不出六經，六經而得。（録者注：「六經而得」句，陳先生墨筆乙爲「而六經得」，且於「而」字旁增一「以」字。）頓解不見三藏，而以三藏果。

答中「而六經」當是「而以六經」之譌奪。

然向道善心起，損累出，垢伏。伏似無同，善似惡乖。此所務不俱，非心本無累。至夫一悟，
萬滯同盡耳。

「出」，宋、麗作「生」。

此節疑有譌奪。

## 卷第二十一　辯宗論之餘

竺法綱問：敬披高論，探研宗極，妙判權實，存旨儒道遺教。孔釋昌言，折中允然。新論可謂激流導源，瑩拂發暉矣。

高僧傳卷一僧伽提婆傳，有王珣問法綱道人，王僧珍講阿毗曇，所得云何。當即此法綱。世說新語言語篇提婆條，即高僧傳所同自出者，作「法岡道人」。劉注云：「未詳氏族。」本書卷二十六有宋釋惠琳所作武(虎)丘法綱法師誄，云：「厥族氏殷，實湯之裔。」此可補世說劉注之所未詳。

如彼重闇自晞，無假火日。無假火日，則不能不設，亦明無尚焉。

此處疑有譌奪。

釋慧琳問：三復精議，辨憒二家，斟酌儒道，實有懷于論矣。

慧琳見高僧傳卷七（金陵本）釋道淵傳及弘明集卷三。

若其永背空談，翻爲未說，若始終相扶，可循教而至不？

「未」，明本作「末」。

## 卷第二十一　答綱公難

來難云：同有非甚閔。

「閔」，麗本作「閡」，是。

若封有而不向宗，自是封者之失。造無而去滯，何爲不可得背？

「背」，麗本作「皆」。

## 卷第二十一　問謝永嘉　王弘

宋書四十二、南史二十一有傳。（録者注：此條注於王弘名字之下。）

若暫知未是見理，豈得云理暫爲用？

宋、元本作「理暫為用者」。

諸本「理」上多一「暫」字。

又不知以何稱知？

明本作「何」，諸本作「為」。

尋覽來論，所釋良多。然猶有未好解處，試條如上，爲呼可容此疑不？

「呼」疑誤。

## 卷第二十一　答王衛軍問 并書　謝靈運

又不知以何稱之？

「之」乃「知」之譌。

謂此爲累伏者，此是慮不能並，屬此則彼廢耳。非爲理累相推，能使累伏也。

諸本作「權」，同上文。元、明本作「推」。（録者注：「上文」指前此之王弘問謝永嘉。文中有「非謂理累相權，能使累伏也」語。）

靈運白：一悟理質以經誥，可謂俗文之談。

「白」，宋本作「自」，非。

## 卷第二十一　重答謝永書　王弘

「永」字下當奪一「嘉」字。（録者注：此條注於本文題目之天頭。）

## 卷第二十四　解二諦義令旨 并問答

光宅寺敬脱諮曰：「未審聖人見真，爲當漸見，爲當頓見？」令答曰：「漸見。」

頓漸之問題。

## 卷第二十七　答王曼穎書 〔梁〕釋君白

此慧皎答王曼穎書。「君」乃諱字。（録者注：此條注於本文題目之天頭。）

（陳正宏輯録）

# 沖虛至德真經之部

晉 張湛 注

上海涵芬樓影印北宋刊本

# 目次

卷第四　（仲尼第四）……一六九
卷第七　（楊朱第七）……一六九
卷第八　（説符第八）……一七〇

## 卷第四　（仲尼第四）

亦非有心者所能得遠，亦非無心者所能得近。（以有心無心而求道，則遠近其於非當。若兩忘有無先後，其於無二心矣。）

有心無心之說，疑與西晉般若宗之說有關，如支愍度心無論之類是也。

## 卷第七　（楊朱第七）

太古之人知生之暫來，知死之暫往。（生實暫來，死實長往，是世俗常談，而云死復暫往，卒然覽之，有似字誤，然此書大旨自以爲存亡往復，形氣轉續，生死變化，未始絶滅也，注天瑞篇中已具詳其義矣。）

疑此文本是長往，而處度取格義之說，改為暫往，因於注中為之說。如金人瑞注水滸傳古本今本之說也。

楊朱曰：豐屋美服厚味姣色，有此四者，何求於外。有此而求外者，無猒之性。無猒之性，陰陽之蠹也。（非但累其身，乃侵損正氣。）忠不足以安君，適足以危身。義不足以利物，適足以害生。安上不由於忠，而忠名滅焉。利物不由於義，而義名絕焉。君臣皆安，物我兼利，古之道也。鬻子曰：去名者無憂。老子曰：名者實之賓，而悠悠者趨名不已。名固不可去，名固不可賓邪？今有名則尊榮，亡名則卑辱。尊榮則逸樂，卑辱則憂苦。憂苦犯性者也，逸樂順性者也，斯實之所係矣。名胡可去，名胡可賓。但惡夫守名而累實，守名而累實將恤危亡之不救，豈徒逸樂憂苦之閒哉。

末節與前文意歧異，殆張氏後人於晉代取自然名教合一說增入者耶？

## 卷第八（說符第八）

心都子他日與孟孫陽偕入而問曰：昔有昆弟三人游齊魯之間，同師而學，進仁義之道而歸。其父曰：仁義之道若何？伯曰：仁義使我愛身而後名。（身體髮膚不敢毀傷也。）仲曰：仁義之道使我殺身以成名。（無求生以害仁，有殺身以成仁也。）叔曰：仁義使我身名並全。（既明且哲以保其身。）彼三術相反而同出於儒，孰是孰非邪？

身者老莊之自然，名者周孔之名教。叔之「身名並全」即阮宣子「將無同」之對也。

（陳美延輯録）

# 陸宣公奏議之部

唐陸贄撰

國學基本叢書，一九三五年
上海商務印書館印行

# 目次

卷首　權德輿序……一七七
奏議全集卷三　論左降官準赦合量移事狀……一七七
奏議全集卷三　三進量移官狀……一七七
奏議全集卷四　均節賦稅恤百姓第一條……一七八
奏議全集卷四　均節賦稅恤百姓第二條……一七八
制誥續集卷八　賈耽東都留守制……一七九
制誥續集卷八　劉洽檢校司空充諸道兵馬都統制……一八〇

## 卷首　權德輿序

俾後之君子覽公制作，效之爲文爲臣。

上文云：「覽公之作，則知公之為文也。」「覽公之奏，則知公之為臣也。」故結云「俾後之君子覽公制作，效之為文為臣」也。當以「為臣」斷句。

## 奏議全集卷三　論左降官準赦合量移事狀

若準所司舊例，須俟州府録申。

韓詩所謂「州家申名使家抑」也。

## 奏議全集卷三　三進量移官狀

逮於開元末年，李林甫固權專恣，凡所斥黜，類多非辜。慮其却迴，或復寃訴，遂奏考滿者且給俸料，不須即停，外示優矜，實欲羈縶。從此以後，遂爲恒規，一經貶官，使同長往，迴望舊里，永無還期。

劉夢得以此追咎張曲江建言放臣不宜與善地，宣公則以為貶官長往不返由於李林甫。此例既始於開元末季，則曲江或因是牽及，夢得殆未詳稽，不若敬輿之覈實耶？俟考。

## 奏議全集卷四　均節賦税恤百姓第一條

所定税物估價，合依當處月平。百姓輸納之時，累經州縣簡閲，事或涉於奸冒，過則不在户人。州府税物到京，但與色樣相符，不得虚稱折估。如濫惡尤甚，給用不充，惟罪元納官司，亦勿更徵百姓。

此辨法乃救濟前文之第四事者。

## 奏議全集卷四　均節賦税恤百姓第二條

答曰：自天寶以後，師旅數起，用頗殷繁。公賦已重，別獻繼興，別獻既行，私賂競長，誅求刻剥，日長月滋，積累以至於大曆之間，所謂取之極甚者也。今既總收極甚之數，定爲兩税矣；所定别獻之類，復在數外矣；間緣軍用不給，已嘗加徵矣；近屬折納價錢，則又多獲矣；比於大曆極甚之數，殆將再益其倍，而用常不足，其故何哉？蓋以事逐情生，費從事廣，物有劑而用無節，夫安得不乏乎？夫地力之生物有大數，人力之成物有大限，取之有度，用之有節，則常足；取之無度，用之無節，則常不足。生物之豐歉由天，用物之多少由人，是以聖王量入以爲出，無量出以爲入，用之盈虚在節與不節耳。今人窮日甚，國用歲加，不時節量，其勢必蹙。而議者但憂財利之不足，罔慮安危之不持。幸屬休明，將期致理。急聚斂而忽於勤恤，固非聖代之所宜言也。

雖所言亦是時病，但此答不中窾要。

## 制誥續集卷八　賈耽東都留守制

銀青光禄大夫、守工部尚書、魏國公賈耽，豁達貞方，識通大體，明九域山川之要，究五方風俗之宜。

甚切。

## 制誥續集卷八　劉洽檢校司空充諸道兵馬都統制

可檢校司空同中書門下平章事，依前宣武軍節度使度支營田。

「度支」應作「支度」。此後人誤改。詳十駕齋養新録。

（蔣天樞輯録）

# 劉賓客集之部

唐 **劉禹錫** 撰

**林 紓** 選評

林氏選評名家文集，一九二四年

上海商務印書館印行

# 目次

林紓序……一八五
秋聲賦并序……一八五
上杜司徒書……一八七
唐故相國贈司空令狐公集紀……一八八
唐故衡州刺史呂君集紀……一八八
子劉子自傳……一八九

## 林紓序

新唐書五九藝文志子部小説家類：韋絢劉公嘉話録一卷，注：絢字文明，執誼子也，咸通義武軍節度使。劉公，禹錫也。唐書宰相世系無絢名。執誼，禹錫同黨，絢為執誼子，可信。元稹韋叢女保子嫁韋絢，或即此人耶？俟考。

## 秋聲賦 并序

姚鉉唐文粹八十賦辛物景二選此賦。

相國中山公賦秋聲，以屬天官太常伯，唱和俱絶。然皆得時行道之餘興，猶動光陰之歎，況伊鬱老病者乎！吟之斐然，以寄孤憤。

新唐書一八〇李德裕傳：「臣前益封，已改中山。」李衛公外集九秋聲賦序云：「予百齡過半，承明三入，髮已皓白，（自注雙行：自中書舍人，及午（今？），三參掖垣（全唐文六九七作「自中書舍人及今三參掖垣」」。)清秋可悲。尚書十一丈，鵷掖上寮，人文大匠，聊為此作，以俟知音。」

李衛公集十八請改封衛國狀云：「臣前年恩例進封，合是趙郡。(舊書十八上武宗紀，會昌二年四月加尊號曰仁聖文武至神大孝皇帝，二十三日受册有赦。李德裕所謂前年恩例進封，或即指此事耶？俟考。)臣以寬中之故，改封中山。」此狀為會昌四年所作。所謂「前年」，即指會昌二年。白香山集六十九感舊詩序：「劉尚書夢得會昌二年秋薨。」夢得卒於會昌二年七月，此賦或作於會昌二年秋邪？俟考。

舊書四十三職官志：吏部尚書，龍朔二年，改為司列、太常伯，光宅元年，改為天官尚書，神龍復為吏部尚書也。舊唐書一六四王播傳附起傳：「宰相李吉甫鎮淮南，以監察充掌書記。……武宗即位，……尋檢校左僕射、東都留守，判東都尚書省事。會昌元年，徵拜吏部尚書，判太常卿事。……起前後四典貢部，所選皆當代辭藝之士，有名於時，人皆賞其精鑒徇公也。」舉之以吏部尚書判太常卿事，故曰天官太常伯，甚確。王起之徵為吏部，未知為會昌元年何月？册府元龜八十帝王部慶賞門注，王欽若曰：唐自武宗以後實録不備，故闕書。全唐文王起文三卷，共七十三篇，王起賦共六十五篇。新唐書六十藝文志四：「王起集一百二十卷。」

白香山集五閑適一古調詩常樂里閑居偶題十六韻兼寄劉十五公輿、王十一起、吕二炅、吕四潁、崔十八玄亮、元九稹、劉三十二敦質、張十五仲元，時為校書郎，詩：「帝都名利場，雞鳴無安居」

云云。

白香山集六十八有雪暮偶與夢得同致仕裴賓客王尚書飲七絕，又雪朝乘興欲詣李司徒留守先以五韻戲之五律，王尚書不知是王起否？

王定保唐摭言三慈恩寺遊賞題詠雜記條：周墀任華州刺史，武宗會昌三年，王起僕射再主文柄，墀以詩寄賀，並序曰：「僕射十一叔，以文學德行，當代推高……。」

## 上杜司徒書

抑余又聞，曩子之介於司徒府，奉誠敬於山園。

韓愈順宗實録一：「憲宗元和元年（順宗貞元二十一年）正月，以檢校司空、平章事杜佑攝冢宰，兼山陵使。」夢得判鹽鐵等案，故言「介於司徒府」；冢宰兼山陵使，故言「奉誠敬於山園」。

伏希憫其至誠，而少加推恕。命東曹補吏，置籍於滎陽伍中，得奉安輿而西，拜先人松櫝。

舊唐書一四七杜佑傳：「〔貞元〕十九年入朝，拜檢校司空、同平章事，充太清宫使。德宗崩，佑攝冢宰，尋進位檢校司徒，充度支鹽鐵等使，依前平章事。……元和元年，册拜司徒、同平章事，封岐國公。……憲宗優禮之，不名，常呼司徒。……〔元和七年〕十一月薨。」夢得本在佑淮南幕中，後又以屯田員外郎判度支鹽鐵等案，兼崇陵使判官。

林紓按語：「此爲上杜黄裳書。……」

此書乃上杜佑者。

## 唐故相國贈司空令狐公集紀

林紓按語：「夢得每爲鉅公作序，疊兼叙官閥，如行狀體。若韓歐之文則斷不爲此。……」

古人序集之文，必叙其生平事跡，夢得正用古法也。

## 唐故衡州刺史吕君集紀

林紓按語：「吕温與公同貶，今序其文，不敢發牢騷語，防物議也。」

和叔以使吐蕃故，不與八司馬同貶。舊唐書一三七（新唐書一六〇）吕渭傳附子温傳：「〔貞元〕二十年冬，副工部侍郎張薦為入吐蕃使。……明年，德宗晏駕，順宗即位，……吐蕃以中國喪禍，留温經年。時王叔文用事，故與温同遊東宮者，皆不次任用，温在蕃中，悲歎久之。元和元年，使還。……時柳宗元等九人坐叔文貶逐，唯温以奉使免。……〔元和〕三年，〔李〕吉甫為中官所惡，……温欲乘其有間傾之。……吉甫以疾在第，召醫人陳登診視，夜宿於安邑里第。温伺知之，詰旦，令吏捕登鞫問之，又奏劾吉甫交通術士。憲宗異之，召登面訊，其事皆虚，乃貶……温均州刺史。朝議以所責太輕，……温貶道州刺史。五年，轉衡州，秩滿歸京，不得意，發疾卒。」

## 子劉子自傳

子劉子名禹錫，字夢得。

葉夢得避暑録話三：列子書稱「子列子」，此是弟子記其師之言，非列子自云也。劉禹錫自作傳，稱「子劉子」，不可解。意是誤讀列子。

其先漢景帝賈夫人子勝，封中山王，謚曰靖，子孫因爲中山人也。

元和姓纂五劉氏中山條：「漢景帝子中山靖王勝之後。居中山魏昌。裔孫劉蕃，晉宛陵令。生太尉越石。今無聞。唐都官郎劉敏行稱其後。考功員外郎劉思立，宋城人。生憲，吏部侍郎。」又云：「劉氏，廬陵。漢長沙定王後，生安成侯倉，子孫徙焉。梁安成内史劉元偃，代居吉州，云其後也。曾孫紹榮，吉州刺史。孫行昌，左司員外。孫淑，殿中御史。淑生禹錫，屯田員外郎。」

七代祖亮，事北朝爲冀州刺史，散騎常侍。遇遷都洛陽，爲北部都昌里人。

劉亮見周書十七、北史六十五：「亮，中山人。父特真，鎮遠將軍，領民酋長。西魏賜姓侯莫陳。」新唐書七十一上宰相世系一上：「河南劉氏，本出匈奴之族。……左賢王去卑裔孫庫仁，字没根，後魏南部大人。其後又居遼東襄平，徙河南。」

時上素被疾，至是尤劇，詔下内禪，自爲太上皇。後謚曰順宗。東宫即皇帝位。是時太上久寢疾，宰臣及用事者，都不得召對。宫掖事祕，而建桓立順，功歸貴臣。

舊唐書一五九路隨傳：「初，韓愈撰順宗實録，説禁中事頗切直，内官惡之，往往於上前言其不實，累朝有詔改修。及隨進憲宗實録後，文宗復令改正永貞時事，隨奏曰：『且韓愈所書，亦非己出，元和之後，已是相循』云云。……詔曰：『其實録中所書德宗、順宗朝禁中事，尋訪根柢，蓋起謬傳，諒非信史。宜令史官詳正刊去，其他不要更修。』」

後被足疾，改太子賓客，分司東都。又改祕書監。分司一年，加檢校禮部尚書兼太子賓客，行年七十有一。

白香山集六十八偶吟自慰兼呈夢得七律：「且喜同年滿七旬。」此詩為會昌元年作，是會昌二年夢得七十一，即其卒年也。舊唐書一六〇劉禹錫傳作「會昌二年七月卒，年七十一」，新唐書則作「七十二」。此自傳為絶筆，既作「七十有一」，疑舊唐書為是。俟考。

（蔣天樞輯録）

# 韓翰林集之部

唐　**韓偓**　撰

清　**吴汝綸**　評注

武强賀氏刊印

# 目次

卷首……一九七
韓翰林集卷一……二〇一
六月十七日召對，自辰及申方歸本院……二〇一
與吴子華侍郎同年，玉堂同直，懷恩叙懇，因成長句四韻，兼呈諸同年……二〇二
訪同年虞部李郎中……二〇四
病中初聞復官二首……二〇四
浄興寺杜鵑一枝繁艷無比……二〇四
故都……二〇五
韓翰林集卷二……二〇六
夢中作……二〇六
寄禪師……二〇六
贈僧……二〇七

感舊……二〇七
即目……二〇八
八月六日作四首……二〇八
惜花……二一四
見别離者因贈之……二一四
太平谷中翫水上花……二一五
韓翰林集卷三……二一五
甲子歲夏五月，自長沙抵醴陵，貴就深僻，以便疎慵。由道林之南，步步勝絶。去緑口，分東入南小江，山水益秀。村籬之次，忽見紫薇花，因思玉堂及西掖廳前，皆植是花，遂賦詩四韻，聊寄知心……二一五
香奩集……二一六
香奩集序……二一六
香奩集卷二……二一九
薦福寺講筵偶見有别……二一九
無題第一……二二〇

# 卷首

繆荃孫韓翰林詩譜畧

唐武宗會昌四年甲子

偓生年無明文。以玉谿生詩「十歲裁詩走馬成」句考之，馮譜編入宣宗大中七年癸酉，上溯十歲，當生於是年。

庚午，偓在尤溪之排林鎮。

唐同光元年癸未，偓卒於南安龍興寺，

寅恪案：繆荃孫韓翰林詩譜畧據李義山贈冬郎詩，定其生於會昌四年。蓋是年冬郎十歲。而柳仲郢以大中六年鎮東川，義山是年冬赴東川，冬郎作詩送義山，次年乃追憶作詩，是為七年。會昌四年為八四四年，距大中七年(為八五三)適十年，推計而得之。故依此，則龍德三年即九二三年，是年冬郎應為年八十二歲。震鈞韓承旨年譜依繆譜定冬郎生於會昌四年，而書卒於同光元年即龍德三年，年八十，少計二歲。因繆據李義山馮譜定義山贈冬郎詩作於大中七年，非是。此詩應作於大中五年，則是冬郎實生於會昌二年壬戌即八四二年，卒於龍德三年即同光元年癸未，年八十二歲。

吴任臣十國春秋韓偓傳：昭宗被弑，哀帝復召為學士，還故官，偓不敢入朝，挈族來依太祖，僑居南安。天祐三年，復有前命，偓又辭，為詩曰：「豈獨鴟夷解歸去，五湖漁艇且餔糟。」已而梁篡唐。乾化三年復召，亦辭不往。龍德三年卒於南安龍興寺，葬葵山之麓。所著有内庭集、金鑾别紀。自貶後，以甲子歷歷自記所在，其詩皆手寫成帙。殁之日，家無餘財，惟燒殘龍鳳燭一器而已。子寅亮。

鄭文寶南唐近事云：韓寅亮，偓子也。常言偓捐館日，温陵帥聞其家藏箱笥頗多，而緘鐍甚密，使親信發觀，惟得燒殘龍鳳燭、金縷紅巾百餘條。有老僕泫然曰：「公為學士日，常視草金鑾殿，深夜方還。翰苑當時皆宫妓秉燭炬以送，公悉藏之。」後延平有老尼，亦説是事。尼即偓之妾也。

五代詩話六韓偓條鄭方坤補引石林集云：世傳香匳集，江南韓熙載所為，誤。沈存中筆談又謂晉相和凝所為，後貴，惡其側艷，嫁名於偓，亦非也。余家有吴融詩一集，其中有和韓致堯無題三首，與香奩集中無題韻正同，而偓序中亦具載其事。又余曾在温陵，於偓裔孫駉處見偓親書所作詩一卷，雖紙墨昏淡而字畫宛然。其裊娜、多情、春盡等詩，多在卷中，此可驗矣。據北夢瑣言云：凝少年好為小詞令，布於汴洛。洎作相，專令人收拾焚毁。契丹入寇，號為「曲子相公」。然則凝雖有集名香奩與偓同，乃浮艷小詞耳，安得便以今世所行香奩集為凝作耶？

又補引石林集云：唐史偓傳，貶濮州後即不甚詳。吾家所得偓詩，皆以甲子歷歷自記，有天祐二年乙丑在袁州得人賀復除戎曹依舊承旨詩，又有丁卯年聞再除戎曹依前充職詩，蓋兩召皆辭不赴也。終身不食梁禄，大節與司空表聖畧相等。惜乎唐史止書乙丑一召，不為少發明之。

又補引徐𤊹筆精云：韓偓流寓閩中，所作詩僅傳南臺懷古一首，云：「無那離腸」云云。偓卒於閩，其子寅亮與鄭文寶言，偓捐館日云云。第未考偓葬於何所也。

又補引夢溪筆談云：韓偓詩極清麗，有手寫詩百餘篇，在其四世孫奕處。偓天復中避地泉州之南安，子孫遂家焉。慶曆中，余過南安，見奕，出其手集，字極淳古可愛。後詣闕獻之，以其忠臣之裔，得司士參軍，終於殿中丞。余在京師，見偓送晉光上人詩，亦墨跡也，與此無異。

五代詩話原引宣和書譜云：偓行書亦可喜，題懷素草書詩云云。非潛心字學，作語不能逮此。

又竹窗雜録云：釣龍臺上有磐石，越王餘善釣白龍處也。又名「越王臺」。韓偓流寓閩中，題詩云「無那」云云。

又李忠定梁溪集云：韓偓嘗道沙陽，寓居天王院者歲餘，與老僧蘊明善，以詩贈之。至後唐時，邑令張僚為之記，叙偓始末甚詳，且述唐末亂離之事，頗與唐史合。余來沙陽，聞之，竊欲一觀，而其碑因寺中廢，為有力者取去，秘不示人。久之，始得見其副本，感而賦之，且録偓詩卷中，傳諸好事者云。「偶訪明公大德，贈長句四韻，前翰林承旨户部侍郎知制誥韓偓上：寸髮如霜袒右肩，倚肩筇竹貌怡然。懸燈深屋夜分坐，移榻向陽齋後眠。刮膜且揚三毒論，攝心徐指二宗禪。清涼藥分能知否，各自胸中有醴泉。」「詞臣謫去墜天南，詩墨從來牓寺簷。好事不須收拾去，世間遺集有香奩。」

又補引後村詩話：韓致光、吴子華皆唐末詞臣，位望通顯，雖國蹙主辱而賦詠唱和不輟。存於集者，不過流連光景之語，如感時傷事之作，絶未之見。當時公卿大臣，往往皆如此。

寅恪案：後村殆只見香奩集，故作此語。

又補引瀛奎律髓云：致光筆端甚高，唐之將亡，與吴融詩律皆全，不似晚唐。善用事，極忠憤。惟香奩之作，詞工格卑，豈非世事已不可救，姑流連荒亡以紓其憂乎。

補引韻語陽秋條：韓偓香奩集百篇，皆艷體也。

又補引彦周詩話云：高秀實云：「元氏艷詩，麗而有骨；韓偓香奩集，麗而無骨。」時李端叔意喜韓偓詩，誦其序云：「咀五色之靈芝，香生九竅；咽三危之瑞露，美動七情。」秀實云：「勸不得也，勸不得也。」

嘉慶一統志卷四二八福建省泉州府陵墓門：韓偓墓（原注：在南安縣北葵山麓。）同書同卷流寓門：唐韓偓。

明萬曆丙午本黄滔御史集五丈六金身碑云：我公粤天祐三年丙寅秋七月乙丑鑄金銅像一，丈有六尺之高。其明年正月十有八日乙未，設二十萬人齋，號無遮以落之。座客有右省常侍隴西李公洵、翰林承旨制誥兵部侍郎昌黎韓公偓、中書舍人琅琊王公滌、右補闕博陵崔徵君道融、大司農琅琊王公標、吏部郎中譙國夏侯公淑、司勳員外郎王公拯、刑部員外郎弘農楊公承休、弘文館直學士弘農楊公贊圖、弘文館直學士琅琊王公倜、集賢殿校理吴郡歸公傳懿，皆以文學之奥比偃商，侍從之聲齊褒向。甲乙昇第，巖廊韞望，東浮荆襄，南遊吴楚，謂安莫安於閩越，誠莫誠於我公，依劉表，起襄漢，其地也。

附録引蒲陽志云：中州若李絢（原作「洵」）、韓偓、王滌、崔道融、王標、夏侯淑、王拯、楊承休、楊贊圖、王倜、歸傳懿，避地於閩，悉主於滔，時閩中所為碑碣，皆其文也。

寅恪案：此文洵等主黄滔之説，即出於滔作丈六金身碑文。

## 韓翰林集卷一

六月十七日召對，自辰及申方歸本院（是時崔胤爲相，欲盡誅宦官。昭宗獨召韓公問計，公請擇數人置之于法，撫諭其餘，使咸自安。此詩召對，是其事也。）

清暑簾開散異香，恩深咫尺對龍章。花應洞裏常時發，日向壺中特地長。坐久忽疑查犯斗，歸來兼恐海生桑。如今冷笑東方朔，唯用詼諧侍漢皇。

天復元年六月辛亥朔，是月十七日為丁卯。通鑑天復元年六月丁卯，「上獨問偓」云云，即是其事也。摯甫先生說甚碻。

### 與吳子華侍郎同年，玉堂同直，懷恩敘懇，因成長句四韻，兼呈諸同年

往年鶯谷接清塵，今日鼇山作侍臣。二紀計偕勞筆研，（余與子華俱久困名場。）一朝宣入掌絲綸。聲名烜赫文章士，金紫雍容富貴身。絳帳恩深無報路，語餘相顧却酸辛。

摭言六公薦條：韓偓天復初入翰林，其年冬，車駕出幸鳳翔府，偓有扈從之功。返正初，上面許偓為相，奏云：「陛下運契中興，當復用重德鎮風俗，臣座主右僕射趙崇，可以副陛下是選，乞迴臣之命授崇，天下幸甚。」上嘉歎。翌日，制用崇暨兵部侍郎王贊為相。時梁太祖在京，素聞崇之輕佻，贊復有嫌舋，馳入請見，於上前具言二公長短。上曰：「趙崇是偓薦。」時偓在側，梁主叱之，偓奏曰：「臣不敢與大臣争。」上曰：「韓偓出。」尋謫官入閩。故偓有詩曰：「手風慵展八行書，眼暗休看九局圖。窗裏日光飛野馬，案前筠管長蒲盧。謀身拙為安蛇足，報國危曾捋虎鬚。滿世可能無默識，未知誰擬試齊竽。」

新唐書二百三卷文藝傳下吳融傳：吳融字子華，越州山陰人。龍紀初，及進士第。以禮部郎中為

翰林學士。進戶部侍郎。鳳翔刧遷，融不克從，去客閩鄉。俄召還翰林，遷承旨，卒官。

新唐書一百八十三卷韓偓傳云：王溥薦為翰林學士，遷中書舍人。昭宗反正，為功臣。偓因薦御史大夫趙崇勁正雅重，可以準繩中外，帝知偓崇門生也，歎其能讓。

徐松登科考二四龍紀元年進士二十五人：李瀚（原注：狀元）、吳融（新書本傳云云。唐才子傳九：「融字子華，山陰人。龍紀元年李瀚榜及進士第。」唐詩紀事六十五：「韓偓與吳子華侍郎同年，玉堂伴直」云云。北夢瑣言：「吳融侍郎乃趙崇大夫門生。」）韓偓（原注：唐才子傳九：「韓偓字致堯，京兆人。龍紀元年禮部侍郎趙崇下擢第。」唐詩紀事：「韓偓及第，過堂日作詩曰」云云。）李□（原注：韓偓有「訪同年虞部李郎中詩」，又「春陰獨酌寄同年虞部李侍郎詩」，又「同年前虞部李郎中自長沙赴行在，以紫石硯贈之詩」。按李郎中未知其名，偓「和孫舍人荆南重圍寄諸朝士詩」有李郎中冉，疑即其人也）。諸科七人。知貢舉：禮部侍郎趙崇。（原注：北夢瑣言卷三趙大夫號無字碑條：「唐趙大夫崇清介，門無雜賓，慕王濛、劉真長之風也，標質堂堂，不為文章，號曰無字碑」云云。又曰：「梁相張策嘗為僧，返俗應舉，亞臺鄙之」云云。摭言：「張策，同文子也。自小從學浮圖法，號藏機，粲名內道場，為大德云云。吳融有和寄座主尚書詩、和座主尚書登布善寺樓詩、滻水席上獻座主侍郎詩、和座主尚書春日郊居詩，蓋皆謂崇也。」）

訪同年虞部李郎中（天復四年二月在湖南。天復四年即天祐元年，蜀王建以天祐爲朱全忠所改，故祇稱天復年號，韓公殆與建同恉。）

寅恪案：天復四年閏四月乙巳，改元天祐。韓公此詩既作於天復四年二月在湖南時，故無論如何不得署天祐年號也，摯甫先生説未諦。

病中初聞復官二首

抽毫連夜侍明光，執靮三年從省方。燒玉謾勞曾歷試，鑠金寧爲欠周防。也知恩澤招讒口，還痛神祇誤直腸。聞道復官翻涕泗，屬車何在水茫茫。（天祐元年八月，朱全忠弒昭帝，此昭帝被弒後作。）

繆譜謂詳詩意為昭宗未弒前作，然「屬車何在」句亦可依吴解。

净興寺杜鵑一枝繁艷無比

一園紅艷醉坡陀，自地連梢簇蒨羅。蜀魄未歸長滴血，祇應偏滴此叢多。

嘉慶清一統志三五六湖南省長沙府寺觀門：靖興寺（原注：在醴陵縣西，唐建。）

## 故都

故都遥想草萋萋，上帝深疑亦自迷。塞雁已侵池籞宿，宫鴉猶戀女墻啼。天涯烈士空垂涕，地下强魂必噬臍。掩鼻計成終不覺，馮驩無路斅鳴雞。（天涯烈士公自謂，地下强魂蓋指當時貶死諸人。）

詳見舊唐書一百七十七崔慎由附胤傳及新唐書姦臣列傳第一百四十八下崔胤傳。胤本與朱全忠表裏相結，卒傾唐室，而胤亦為全忠所殺，韓公曾為胤賓僚，故以馮驩自況。新傳云：時傳胤將挾帝幸荆襄，而全忠方謀脅乘輿都洛，懼其異議，密表胤專權亂國，請誅之。全忠令其子友諒以兵圍開化坊第，殺胤。

寅恪案：「掩鼻計」者，即鄭元規之謀及傳胤欲挾帝幸荆襄事之説，於全忠之類是也。舊傳云：初，全忠雖竊有河南方鎮，憚河朔、河東，未萌問鼎之志。及得胤為鄉導，乃電擊潼關，始謀移國。自古與盗合從，覆亡宗社，無如胤之甚也。又云：其年（天復三年）十月，全忠子友倫宿衛京師，因擊鞠墜馬而卒。全忠愛之，殺會鞠者十餘人，而疑胤陰謀，由是怒胤。初，天子還宫，全忠東歸，胤以事權在己，慮全忠急於篡代，乃與鄭元規謀招致兵甲，以扞茂貞為辭。全忠知其意，從之。胤毁城外木浮圖，取銅鐵為兵仗。全忠令汴州軍人入關應募者數百人。及友倫死，全忠怒，遣其子宿衛軍使友諒誅胤，而應募者突然而出。四年正月初，貶太子賓客，尋為汴軍所殺。

## 韓翰林集卷二

### 夢中作

紫宸初啓列鴛鸞，直向龍墀對揖班。九曜再新環北極，萬方依舊祝南山。禮容肅睦纓緌外，和氣熏蒸劍履間。扇合却循黄道退，廟堂談笑百司閑。

「再新」「依舊」一聯希望唐室復興之意極顯，宜其以「夢中作」為題也。

### 寄禪師

他心明與此心同，妙用忘言理暗通。氣運陰陽成世界，水浮天地寄虚空。劫灰聚散銖錙黑，日御奔馳繭栗紅。萬物盡遭風鼓動，唯應禪室静無風。

續高僧傳十九菩提達磨傳四行第二：隨緣行雲者，逆順風静，冥順於法也。敦煌本楞伽師資記作：喜風不動，冥順於道。餘參考治禪病秘要經。

## 贈僧

盡説歸山避戰塵，幾人終肯別囂氛。缾添澗水盛將月，衲挂松枝惹得雲。三接舊承前席遇，一靈今用戒香熏。相逢莫話金鑾事，觸撥傷心不願聞。（唐詩鼓吹解此詩，未得本旨。此因僧爲唐帝舊人，自觸其故君故國之思耳，此乃亂後相遇之作也。）

新唐書三八藝文志史部雜史類：韓偓金鑾密記五卷。

## 感舊

省趨弘閣侍貂璫，指座深恩刻寸腸。秦苑已荒空逝水，楚天無恨更斜陽。時昏却笑朱弦直，事過方聞鑠骨香。入室故寮流落盡，路人惆悵見靈光。

繆譜：昭宗龍紀元年禮部侍郎趙崇知貢舉，擢偓登第。狀元李瀚，同年可考者温憲、吴融、唐備、崔遠、李冉（登科考失名）。

寅恪案：徐松已據荆南重圍中寄諸朝士詩定為李冉，繆氏若無別據，何可掠美耶？

## 即目

動非求進靜非禪，咋舌吞聲過十年。溪漲浪花如積石，雨晴雲葉似連錢。干戈歲久諳戎事，枕簟秋深減夜眠。攻苦慣來無不可，寸心如水但澄鮮。（此爲梁乾化二年壬申作，自貶濮州至此，凡十年也。）

繆譜：乾寧二年乙卯三月，崔胤拜河中節度使，偓為幕府。按偓為刑部員外郎，本傳不載，見於其翰林集。集云：「余自刑部員外郎為時權所擠，值盤石出鎮藩屏。朝選賓佐，以余充職掌書記，鬱鬱不樂，因成長句。」本傳所謂「佐河中幕府」，當即指此。

## 八月六日作四首（壬申六月，梁主被弒，八月六日，閩中始知之耳，於是昭宗死十年矣。）

日離黃道十年昏，敏手重開造化門。火帝動爐銷劍戟，風師吹雨洗乾坤。左牽犬馬誠難測，右袒簪纓最負恩。丹筆不知誰定罪，莫留遺跡怨神孫。（是時梁主屢爲晉王李存勗所敗，梁主謂近臣曰：「太原餘孽，昌熾如此，其志不小，吾無葬地矣。」未幾，梁主爲其子朱友珪所弒。此詩所謂「敏手」謂晉王也，「左牽犬馬」謂唐六臣送玉册、傳國寶與梁者，「右袒簪纓」則諸臣死心歸粱者也。「神孫」謂昭宗。）

據繆譜，「八月六日作」下有注云：「壬申年作。」此吴説所由來也。然依詩語，絶不可通，疑此注誤入耶？俟得佳本校之。但全唐詩本無此注。又繆譜：昭宣帝天祐二年，病中初聞復官。（注：此編入甲子為天祐之元年，詳詩意尚是遷洛未弑時語云。甲子非謬也，乃史稱召命在天祐二年乙丑，豈復官在甲子而徵召則在乙丑歟？）

唐昭宗被弑於天祐元年八月壬寅，是年八月壬辰朔，壬寅為八月十一日。「六」字殆由「十一」兩字聯一之譌，蓋形近致誤。又所謂「八月十一日作」者，非真此日所作，不過以此為題耳。又作於天祐元年八月十一日，昭宗被弑之後，哀帝猶未禪之前，其詳悉年月，不能詳考矣。「日離黄道」者，蓋指僖宗於廣明元年丁未又幸鳳翔，至昭宗龍紀元年己酉即位，適為十年，故「敏手」乃指昭宗言。韓公意在推崇昭宗，謂自僖宗幸蜀後，王室昏亂，至昭宗繼立，重開造化，滌蕩乾坤。雖不免有過美之詞，然是冬郎故君之思也。此詩上四句頌美昭宗堪為中興之君，無奈其臣皆亡國叛逆之臣也。

和孫舍人肇荆南重圍中寄諸朝士詩亦有「敏手何妨誤汰金」之句。

右袒：史記九吕太后本紀云：吕禄以酈兄（况）不欺己，遂解印屬典客，而以兵授太尉。太尉將之入軍門，行令軍中曰：「為吕氏右袒，為劉氏左袒。」軍中皆左袒為劉氏。

丹筆定罪：史記八七李斯傳云：二世二年七月，具斯五刑，論腰斬咸陽市。斯出獄，與其中子俱執，顧謂其中子曰：「吾欲與若復牽黄犬，俱出上蔡東門逐狡兔，豈可得乎？」遂父子相哭，而夷三族。

寅恪案：韓公意謂朱友恭、氏叔琮等之被朱全忠所誅，誠難測，但其右袒朱梁則真負恩矣。「丹筆定罪」，莫怨哀帝，「神孫」目哀帝，蓋天祐元年十月甲午誅李彦威、氏叔琮也。

金虎挻災不復論，搆成狂猘犯車塵。御衣空惜侍中血，國璽幾危皇后身。圖霸未能知盜道，飾非唯欲害仁人。黄旗紫氣今仍舊，免使老臣攀畫輪。（「侍中血」謂王溥、趙崇等死於白馬驛，「皇后」謂何后嘗使宫人達意於柳璨、蔣元暉等，求禪代之後，子母生全也。何后爲全忠所弑，云「幾危」者，諱之也。又昭帝被弑時，行逆者欲並殺何后，后求哀於元暉，乃止。此詠昭帝被弑時事也。）

舊唐書二百下黄巢傳：賊巢僭位，國號大齊，年稱金統。且陳符命曰：「土德生金，予以金王，宜改年為金統。」寅恪案：「虎」為唐太祖諱，太祖之廟不祧，不可援已祧不諱之例。疑「虎」與「統」形近致誤。韓公意謂朱温出身黄巢之黨姑不論，而竟構成弑逆則極可痛恨也。

舊唐書二十上昭宗紀：天祐元年八月壬辰朔。壬寅夜，朱全忠令左龍武統軍朱友恭、右龍武統軍氏叔琮、樞密使蔣玄暉弒昭宗於椒殿……是夜二鼓，蔣玄暉選龍武衙官史太等百人叩內門，言軍前有急奏面見上。內門開，玄暉每門留卒十人，至椒殿院，貞一夫人啟關，謂玄暉曰：「急奏不應以卒來。」史太執貞一，殺之，急趨殿下。玄暉曰：「至尊何在？」昭儀李漸榮臨軒謂玄暉曰：「院使莫傷官家，寧殺我輩。」帝方醉，聞之遽起。史太持劍入椒殿，帝單衣旋柱而走，太追而弒之。漸榮以身護帝，亦為太所殺。復執何皇后，將害之，后求哀於玄暉，玄暉以全忠止令害帝，釋后而去。

通鑑亦同。據此，則「國璽幾危皇后身」當正是實録，何云諱之耶？「侍中」詩以嵇紹比李漸榮。又舊唐書二十下哀帝紀：天祐元年八月己酉，矯制曰：「昭儀李漸榮、河東夫人裴貞一，今月十一日夜持刃謀逆，懼罪投井而死，宜追削為悖逆庶人。」蔣玄暉夜既弒逆，詰旦宣言於外曰：「夜來帝與昭儀博戲，帝醉，為昭儀所害。」歸罪宮人，以掩弒逆之跡。然龍武軍官健備傳二夫人之言於市人。尋用史太為棣州刺史，以酬弒逆之功。

寅恪案：此所謂「飾非唯欲害仁人」。

國璽幾危皇后身：漢書九八元后傳：及〔王〕莽即位，請璽，太后不肯授莽，莽使安陽侯舜諭旨。舜既見，太后知其為莽求璽，怒罵之。太后因涕泣而言。舜亦悲不能自止。良久，乃仰謂太后：「臣等已無可言者，莽必欲得傳國璽，太后寧能終不與邪？」太后聞舜語切，恐莽欲脅之，乃出漢傳國璽，投之地，以授舜曰：「我老已死，知而兄弟今族滅也。」舜既得傳國璽，奏之，莽大悦。

後漢書十下獻穆曹皇后紀：魏受禪，遣使求璽綬，后怒，不與，如此數輩。后乃呼使者入，親數讓之，以璽綬抵軒下，因涕泣橫流，曰：「天不祚爾！」左右皆莫能仰視。

「黃旗紫氣今仍舊」者，謂昭宗被弑，其子哀帝猶得嗣位，不同禪代，故有免使老臣如王琨之攀畫輪也。

宋書二十七符瑞志上：漢世術士言：「黃旗紫蓋，見於斗、牛之間，江東有天子氣。」文選三十謝玄暉始出尚書省詩注及五六陸佐公石闕銘注引司馬德操與劉恭嗣書：「黃旗紫蓋恒見東南，終成天下者，揚州之君子。」庾子山哀江南賦：昔之虎踞龍盤，加以黃旗紫氣，莫不隨狐兔而窟穴，與風塵而殄瘁。

寅恪案：冬郎作「黃旗紫氣」，當是用庾賦。是時吳之楊行密、閩之王審知皆不可以「黃旗紫蓋」天子所在目之，故此句必指哀帝而言。然則此四首詩為昭宗被弑，哀帝嗣立時所作，斯其碻證矣。

吴志三孫皓建衡三年注引江表傳曰：初，丹楊刁玄使蜀，得司馬徽與劉廙論運命曆數事，玄詐增其文以誑國人曰：「黃旗紫蓋見於東南，終有天下者，荆、揚之君乎！」

吴志二孫權黄武四年注引吴書曰：陳化為郎中令，使魏，魏文帝因酒酣嘲問曰：「吴魏峙立，誰將平一海內者乎？」對曰：「易稱『帝出乎震』，加聞先哲知命，舊説『紫蓋黃旗，運在東南』。」

庾信哀江南賦倪注引司馬德操與劉恭嗣書，改「紫蓋」作「紫氣」以遷就庾賦，非原文作「氣」，不過子山以叶韻故改作「氣」，未必真有本作「氣」，倪注引其逕作「氣」，恐非。

南史二三王華附琨傳：順帝遜位，百僚陪列，琨攀畫輪獺尾，慟泣曰：「人以壽為歡，老臣以壽為戚。既不能先驅螻蟻，頻見此事。」嗚噎不自勝，百官人人雨淚。

簪裾皆是漢公卿，盡作鋒鋩劍血腥。顯負舊恩歸亂主，難教新國用刑輕。穴中狡兔終須盡，井上嬰兒豈自寧。底事亦疑懲未了，更應書罪在泉扃。

坐看苞藏負國恩，無才不得預經綸。袁安墜睫尋憂漢，賈誼濡毫但過秦。威鳳鬼應遮矢射，靈犀天與隔埃塵。隄防瓜李能終始，免媿於心負此身。

舊唐書二十下哀帝紀：天祐元年十月壬辰，（朱）全忠自河中來朝，赴西内臨祭訖，對於崇勳殿。甲午勑：「檢校太保、左龍武統軍朱友恭可復本姓名李彦威，貶崖州司户同正。檢校司徒、右龍武統軍氏叔琮可貶貝州司户同正。」又勑：「彦威等主典禁兵，妄為扇動，既有彰於物論，兼亦繫於軍情。謫掾遐方，安能塞責？宜配充本州長流百姓，仍令所在賜自盡。」河南尹張廷範收彦威等殺之。臨刑大呼曰：「賣我性命，欲塞天下之謗，其如神理何？操心如此，欲望子孫長世，可乎？」呼廷範，謂曰：「公行當及此，勉自圖之。」

寅恪案：朱友恭檢校太保，氏叔琮司徒，故云「簪裾皆是漢公卿」也。「穴中狡兔」疑指朱全忠，「井上嬰兒」則目哀帝也。

## 惜花

皺白離情高處切，膩紅愁態靜中深。眼隨片片沿流去，恨滿枝枝被雨淋。總得苔遮猶慰意，若教泥污更傷心。臨軒一醆悲春酒，明日池塘是緑陰。（閏生案：此傷唐亡之恉，韓公詩多有此意。）

援鶉堂筆記四二談藝引吴修齡詩話，極推韓偓落（惜）花詩，以為指朱温將篡而作，句句箋釋，以為子美見偓詩，當亦心服。

## 見別離者因贈之

征人草草盡戎裝，征馬蕭蕭立路傍。尊酒闌珊將遠別，秋山迤邐更斜陽。白髭兄弟中年後，瘴海程途萬里長。曾向天涯懷此恨，見君嗚咽更凄凉。

新唐書一八三韓偓傳：兄儀，字羽光。亦以翰林學士為御史中丞。偓貶之明年，帝晏文思毬場，全忠入，百官坐廡下，全忠怒，貶儀棣州司馬。寅恪案：此即「白髭兄弟」、「瘴海程途」、「天涯懷恨」者也。

太平谷中翫水上花

山頭水從雲外落，水面花自山中來。一溪紅點我獨惜，幾樹蜜房誰見開。應有妖魂隨暮雨，豈無香跡在蒼苔。凝眸不覺斜陽盡，忘逐樵人躡石回。

嘉慶一統志四百三十福建延平府山川門：太平里溪。（原注：在南平縣西七十里，源出沙縣界黄泥隔，流三十餘里，至篔簹峽入西溪。）

**韓翰林集卷三**

甲子歲夏五月，自長沙抵醴陵，貴就深僻，以便疎慵。由道林之南，步步勝絶。去緑口，分東入南小江，山水益秀。村籬之次，忽見紫薇花，因思玉堂及西掖廳前，皆植是花，遂賦詩四韻，聊寄知心

嘉慶清一統志三五四湖南省長沙府山川門渌江條引〔醴陵縣〕舊志：渌江發源有二：一接萍鄉縣麻山水，西北至醴陵縣東五十里，名萍水。一出瀏陽縣界白沙溪，西南至雙江口，會流經澧陵縣南

學前淥水池，名淥口，又西流，合姜嶺水，由淥江入湘。
寅恪案：前書三五六寺觀門：道林寺(原注：在善化縣西嶽麓山下，有唐歐陽詢書道林寺碑。)然則此詩為韓由長沙嶽麓山至醴陵淥口途中作也。

## 香奩集

### 香奩集序

余溺於章句，信有年矣。誠知非士大夫所爲，不能忘情，天所賦也。自庚辰辛巳之際，迄己亥庚子之間，所著歌詩，不啻千首。其間以綺麗得意者，亦數百篇，往往在士大夫口，或樂官配入聲律，粉墻椒壁，斜行小字，竊詠者不可勝紀。大盜入關，緗帙都墜，遷徙流轉，不常厥居。求生草莽之中，豈復以吟詠爲意？或天涯逢舊識，或避地遇故人，醉詠之暇，時及拙唱。自爾鳩集，復得百篇，不忍棄捐，隨即編録。遐思宫體，未降稱庾信攻文；却誚玉臺，何必使徐陵作序。粗得捧心之態，幸無折齒之慙。柳巷青樓，未嘗糠粃，金閨繡户，始預風流。咀五色之靈芝，香生九竅；咽三危之瑞露，美動七情。若有責其不經，亦望以功掩過。玉樵山人韓致堯序。

繆譜：懿宗咸通元年庚辰：香奩集序：「自庚辰辛巳之際，迄己亥庚子之間，所著歌詩，不啻千首。」孫棨北里志序：「自大中皇帝好儒術，進士由此日盛。京中飲妓，籍屬教坊，新進士設宴，可行牒追，其所贈資優於常數。諸妓居平康里，如不恡所費，則下車，水陸備矣。余頻隨計吏久寓京華，時亦偷游其中。常欲紀述其事，以為他時談藪。俄逢喪亂，鑾輿巡省，靜思陳事，追念無因，聊以編次為太平遺事耳。中和甲辰。」按：咸通二年至廣明元年皆盛極之時，與偓序恰合，疑皆即事詩也。

沈括夢溪筆談十六藝文三云：和魯公凝有艷詞一編，名香奩集。凝後貴，乃嫁其名為韓偓，今世傳韓偓香奩集乃和凝所為也。

方回瀛奎律髓七風懷類録韓偓香奩集詩共六首。

震鈞香奩集發微附韓承旨年譜：懿宗咸通元年庚辰下香籢集序：「自庚辰辛巳之際，迄己亥庚子之間，所著歌詩，不啻千首。」又云：「大盜入關，緗帙都墜，遷徙不常厥居，求生草莽之中，豈復以吟詠為意。」審如此説，則致堯之詩均作於未及第以前咸通廣明之間矣。乃今集中詩凡有年之可考者，均在貶官以後。即翰林集亦始於及第之年，未及第前無一詩之在，抑又何也？以此見香籢集序乃故為迷謬之詞，用以避文字之禍，都非正言〔之〕也。

又香籢集發微序後題云：序中所書甲子，大都迷謬其詞，未可信也。其謂庚辰辛巳、己亥庚子之間者，考其時在僖宗之代，致堯方居翰林也，（寅恪案：冬郎昭宗龍紀元年及第，何得謂在僖宗時在翰林？誤甚。）而一卷香奩全得舊君故國之思，彼時安所用？此未可信也。又所謂「大盜入關」者，似指黃巢矣，而云「遷徙不常厥居，求生草莽之中，豈復以吟詠為意」則尤可疑。考巢賊亂後，致堯始貴，並無避地之舉，直至梁移唐祚，致堯始不常厥居。所謂「天涯逢舊識，避地遇故人」者，正此時也。然則「大盜」蓋指朱温，而「避地」則貶濮州、貶榮懿、徙鄧州、南依王審知均是也。故無題詩序云：「丙寅年九月在福建寓止。」可徵香奩一卷，編於晚年。梁氏既禪以後，不得不迷謬其詞，以求自全云爾。

自序謂百篇實則詩百一篇、詞二篇、賦二篇，共百五篇也。又年譜天復三年癸亥下云：「二月出關。」按香奩集序云「大盜入關」，應即指此年全忠舉兵入朝事。明年，全忠弒帝，故名之曰「大盜」，紀實也。此後致堯即貶濮州、榮懿，徙鄧州，故云「遷徙不常厥居」，正指此年事耳。

黃御史文集五答陳磻隱論詩書云：咸通乾符之際，兹道隳明，鄭衛之聲鼎沸，號之曰「今體才調歌詩」。援雅音而聽者懵，語正道而對者睡。噫，王道興衰，幸蜀移洛，禍兆於斯矣。

寅恪案：壬辰癸巳為咸通十三、十四年，己亥為乾符六年，庚子為廣明元年。

韋縠才調集序云：今纂諸家歌詩，揔一千首，每一百首成卷，分之為十目，曰才調。

四庫總目一五一別集類四韓内翰別集一卷，提要云：唐書（一八三）本傳謂偓字致光，計有功唐詩紀事(六五)作字致堯，胡仔漁隱叢話(前集二三)謂字致元，毛晉作是集跋，以為未知孰是。案劉向列仙傳稱偓佺堯時仙人，堯從而問道，則偓字致堯，於義為合。致光、致元，皆以字形相近誤也。

寅恪案：新唐書一八三韓偓傳云：「兄儀，字羽光，亦以翰林學士為御史中丞。偓貶之明年，帝晏文思毬場，全忠入，百官坐廡下，全忠怒，貶儀棣州司馬，侍御史歸藹登州司户參軍。」則偓之字致光，亦與其兄儀之字羽光相類，其作致光，未必便是以字形相近致誤，或者以兄字羽光，因據之以偓字亦作「光」耶？俟考。

今又據汲古閣唐四名家集本唐英歌詩上末作：「和韓致光侍郎無題三首十四韻。」

寅恪案：陸芝榮唐才子傳考異永樂大典本作「致光」。

## 香奩集卷二

### 薦福寺講筵偶見有別

見時濃日午，別處暮鐘殘。景色疑春盡，襟懷似酒闌。兩情含眷戀，一餉致辛酸。夜靜長廊下，難尋屐齒看。

嘉慶清一統志二三〇陝西省西安府寺觀門：薦福寺(原注：在咸寧縣南三里。長安志：開化坊大薦福寺，隋煬帝在藩舊宅，唐武德中，賜蕭瑀為園，後為英王宅。文明元年，立為大獻福寺。自神龍後翻譯佛經，並於此寺。安仁坊西北隅，為寺之浮圖院，院門北開，正與寺門隔街相對。景龍中，宮中率錢所立。縣志：寺有塔十四級，俗呼為「小雁塔」）。

## 無題第一

余辛酉年戲作無題十四韻，故奉常王公相國首於繼和，故内翰吴侍郎融，令狐舍人渙，閣下劉舍人崇譽，吏部王員外渙相次屬和。余因作第二首，却寄諸公，二内翰及小天亦再和。余復作第三首，二内翰亦三和。王公一首，劉紫微一首，王小天二首，二學士各三首。余又倒押前韻，成第四首，二學士笑謂余曰：「謹豎降旗，何朱研若是也？」遂絕筆。

吴融唐英歌詩卷上（汲古閣唐四名家集本）和韓致光侍郎無題三首，卷中倒次元韻，據此，則融亦倒次元韻，「謹豎降旗」之語，特撝謙之戲言耳。

（謝國楨輯録　王永興　李錦綉轉録）

# 唐人小説之部

汪辟疆

校録

一九三一年上海

神州國光社再版

# 目次

唐人小說題辭……二二五
古鏡記……二二七
任氏傳……二二八
柳氏傳……二二八
柳毅……二三二
霍小玉傳……二三三
南柯太守傳……二三四
李娃傳……二三五
東城老父傳……二三八
長恨歌傳……二四五
附：楊太真外傳卷上……二五一
楊太真外傳卷下……二五六

鶯鶯傳……二六〇
周秦行紀……二六九
附：李德裕周秦行紀論……二七〇
馮燕傳……二七二
無雙傳……二七四
虬髯客傳……二七七
冥音録……二八〇
玄怪録……二八一
張佐……二八一
郭元振……二八一
續玄怪録……二八二
杜子春……二八四
遊仙窟……二八四

# 唐人小説題辭

汪國垣

宋趙彦衛雲麓漫鈔（卷八）云：「唐世舉人，先藉當世顯人，以姓名達諸主司，然後投獻所業；踰數日又投，謂之温卷，如幽怪録傳奇等皆是。蓋此等文備衆體，可見史才、詩筆、議論。至進士，則多以詩爲贄，今有唐詩數百種行於世者是已。」景安生際紹熙，去唐匪遠，四庫總目嘗推其言有根據，蓋不誣也。

哈佛亞細亞學報第一卷韓愈與唐代小説。

全唐文六八四張籍上韓昌黎書：「比見執事多尚駁雜無實之説，使人陳之於前以為歡，此有以累於令德。」「先王存六藝，自有常矣。有德者不為，猶以為損，況為博塞之戲，與人競財乎？君子固不為也，今執事為之，以廢棄時日，竊實不識其然。」「願執事絶博塞之好，棄無實之談。」寅恪案：唐人傳奇小説，自貞元、元和後始盛。文昌上退之書所謂「駁雜無實之説」，未知何所指；而昌黎集答此書云：「吾子又譏吾與人為無實駁雜之説，此吾所以為戲耳。比之酒色，不有間乎？」亦未能明確。然「陳之於前以為歡」，則疑與今世所傳唐人小説之類相近也，俟考。

據唐摭言五切磋條：韓文公著毛穎傳，好博簺之戲，張水部以書勸之，凡三（二？）書，其一曰「比見執事多尚駁雜無實之説」云云。寅恪案：則籍書所謂「駁雜無實之説」，王定保以毛穎傳之小説當之也。全唐文之文疑即源出摭言或昌黎集一四注(出文苑英華)。

文昌上昌黎第二書：「君子發言舉足，不遠於理，未嘗聞以駁雜無實之説為戲也。執事每見其説，亦拊抃呼笑，是撓氣害性，不得其正矣。」退之重答書云：「駁雜之譏，前書盡之，吾子其復之。昔者夫子猶有所戲，詩不云『善戲謔兮，不為虐兮』？記曰『張而不弛，文武不能也』。惡害于道哉！吾子其未之思乎？」

國史補下：沈既濟撰枕中記，莊生寓言之類；韓愈撰毛穎傳(韓集三十六)，其文尤高，不下史遷，二篇真良史才也。近代有造謗而著書雞眼、苗登二文，有傳蟻穴而稱李公佐南柯太守，有樂伎而工篇什者成都薛濤，有家僮而善章句者郭氏奴(原注：不記名)，皆文妖也。

國史補及唐語林二文學門：元和以後，文筆學奇於韓愈，學澀於樊宗師，歌行則學流蕩於張籍，詩章則學矯激於孟郊，學淺切於白居易，學淫腐於元稹，俱名元和體。大抵天寶之風尚黨，大曆之風尚浮，貞元之風尚蕩，元和之風尚怪也。

章氏(炳麟)叢書文録一五朝文學云：太平廣記所引南朝小説奇而近雅，怪不至繆，又無淫侈之言。唐人小説半皆妖蠱，文既無法，歆羡榮遇之情，驕淫矜夸之態，溢於楮墨。人心險薄，從是可知。世人以東漢賢於南朝，猶失其實，至乃尊唐而賤江左，蓋以國勢盛衰論民德，是非殽亂，一至是乎！

朱子韓文考異六石鼎聯句條：今按方（宋方崧卿）本簡嚴，諸本重複。然簡嚴者似于事理有所未盡，而重複者乃得見其曲折之詳。寅恪案：此與夏曾佑小說原理之論合。白香山常自言其敘事病在煩悉，蘇子由之譏其長恨歌不如少陵哀江頭，皆不知文體不同，繁簡應亦有異也。

## 古鏡記　王度撰

汪按：三水小牘元稹一則云：丞相元稹之鎮江夏也，嘗秋夕登黃鶴樓，遙望漢江之湄，有光，若殘星焉。乃令親信某往視之。某遂棹小舟，直詣光所，乃釣船中也。詢彼漁者，云：「適獲一鯉，光則無之。」親信乃攜鯉而來。既登樓，公命庖人剖之，腹中得鏡二，如古大錢。以面相合，背則隱起雙龍，雖小，而鱗、鬣、爪、角悉具，精巧且瑩，常有光耀。公寶之，置卧内巾箱中。及相公薨，鏡亦亡去。

微之事。

## 任氏傳　沈既濟撰

汪按：既濟，蘇州吴人……唐書（一三二）有傳。

舊唐書一四九沈傳師傳附其父既濟事。

## 柳氏傳　許堯佐撰

天寶中，昌黎韓翊有詩名，性頗托落，羈滯貧甚。有李生者，與翊友善。……其幸姬曰柳氏，豔絶一時。……翊仰柳氏之色，柳氏慕翊之才，兩情皆獲，喜可知也。

「翊」當作「翃」，下皆倣此。顧氏文房小說本本事詩情感第一載此事，「翃」皆譌作「翊」。

新唐書二百三文藝傳下盧綸傳附韓翃傳：「字君平，南陽人。」新唐書以翃為南陽人，此傳以為昌黎人，例同退之之籍貫也。

明年，禮部侍郎楊度擢翃上第。

全唐詩第二函第一册翃於天寶十三載進士科及第，唐才子傳云：「韓翃，字君平，南陽人。天寶十三載楊紘榜進士。」此傳翃與柳氏定情乃天寶十二載事。但新唐書一四三元結傳云：「天寶十二載舉進士，禮部侍郎陽浚見其文曰：『一第慁子耳，有司得子是賴！』」此本楊度，姓名皆譌誤可笑。

全唐文三八〇：「元結天寶十三載進士。」三八一文編序云：「天寶十二載，漫叟以進士獲薦，名在禮部，侍郎楊公見文編歎曰云云。」守山閣本唐語林八補遺春官氏條云：「神龍以來累為主司者……陽涣天寶十二載……十四載。」

新唐書七一下宰相世系表：「楊氏執柔相武后，子滔兵、户、吏三侍郎。」行輩雖近，而其名及官皆不同，故表中竟無其人也。

浙江官書局唐書元結傳作湯浚。新舊唐書合鈔一六七元結傳亦作湯浚，而丁子復唐書補正並無校語。

瞿氏藏稽瑞樓李義山文集元結文集序作楊浚。徐樹穀李義山文集注九以「楊」應作「湯」，蓋據元結傳。

徐松唐登科記考九：天寶十三載，知貢舉楊浚下注：見唐語林。按諸書所引，「楊」或作「陽」，

「浚」或作「俊」，又作「浼」，皆非。李華三賢論禮文以侍郎楊浚掌貢舉，問蕭穎士求人海内，以為德選。

金石萃編九八顔魯公元結墓碑作陽浚，應可依據。徐松必以作「楊」為是，恐非。八瓊室金石補正六三容州都督元結碑，只録平津館讀書記，未録碑文。劉節查北平圖書館藏顔書元碑作陽浚，則徐松説非也。

> 天寶末，盗覆二京，士女奔駭。柳氏以豔獨異，且懼不免，乃剪髮毁形，寄跡法靈寺。……洎宣皇帝以神武返正，翃乃遣使間行求柳氏。……無何，有蕃將沙吒利者，初立功，竊知柳氏之色，劫以歸第，寵之專房。及希逸除左僕射，入覲，翃得從行。至京師，已失柳氏所止，歎想不已。偶於龍首岡見蒼頭以駮牛駕輜軿，從兩女奴。翃偶隨之。自車中問曰：「得非韓員外乎？某乃柳氏也。」使女奴竊言失身沙吒利，阻同車者，請詰旦幸相待於道政里門。

舊唐書一七〇裴度傳：「又帝城東西，横亘六崗，合易象乾卦之數。度平樂里第，偶當第五崗，故〔張〕權輿取為語辭。」徐松唐兩京城坊考常樂坊不載裴度第，而於永樂坊載裴度宅，注：「録唐實録之詞。」又於次南永樂坊下注云：「按永樂舊書裴度傳作平樂。」又按：兩京城坊考四崇業坊玄都觀下注云：「初，宇文愷置都，以朱雀街南北盡郭有六條高坡，象乾卦，故於九二置宮殿以當帝王之居，九三立百司以應君子之數。九五貴位，不欲常人居之，故置此觀及興善寺以鎮之。」新唐書一七三裴度傳：「都城東西崗六，民間以為乾數，而度第平樂里直第五崗。」案：平樂里在道政里之南，則道政里適直龍首岡之第四崗也。道政里在朱雀門街東第五街，即皇城東第三街之第五坊，適在興慶坊之南。唐兩京城坊考一大明宮條：龍首山長六十里，來自樊川，由南而北，行至渭濱，乃折向東。頭高二十丈，尾漸下可六、七丈。漢之未央據其折東高處，故宮高出長安城上，大明宮又在未央之東，基愈高，故含元殿基高於平地四丈。

宣皇帝，即肅宗文明武德大聖大宣孝皇帝。

希逸除左僕射，「左」字據新舊唐書希逸傳乃「右」字之誤。此乃永泰元年希逸為李懷玉所逐歸朝時也。

汪按：孟棨本事詩情感第一云：……後翊隨侯希逸入朝。舊唐書十一代宗紀：「永泰元年秋七月辛卯，淄青節度使侯希逸為副將李懷玉所逐。」又同卷德宗紀：「建中二年七月庚申，司空淮陽郡王侯希逸卒。」新唐書六二宰相表：「建中二年七月庚申，檢校右僕射侯希逸為司空，是日卒。」舊唐書一二四侯希逸傳：「永泰元年，希逸奔歸朝廷，拜檢校右僕射，久之，加知省事，遷司空，詔出而卒，廢朝三日，贈太保。」新唐書一四四侯希逸傳：「召還，檢校尚書右僕射，知省事。大曆末，封淮陽郡王。建中二年，遷司空，未及拜，卒，年六十二，遺敕其子上還前後實封，贈太保。」

## 柳毅 李朝威撰

毅謂夫曰：「洞庭君安在哉？」曰：「吾君方幸玄珠閣，與太陽道士講火經，少選當畢。」毅曰：「何謂火經？」夫曰：「吾君，龍也。龍以水爲神，舉一滴可包陵谷。道士，乃人也。人以火爲神聖，發一燈可燎阿房。然而靈用不同，玄化各異。太陽道士精於人理，吾君邀以聽焉。」

火祆教。

## 霍小玉傳 蔣防撰

故霍王小女，字小玉。王甚愛之。母曰浄持。浄持，即王之寵婢也。

舊唐書六四高祖二十二子傳（新唐書七九高祖諸子傳同）：「霍王元軌，高祖第十四子也。……垂拱四年，坐與越王貞連謀起兵，事覺，徙居黔州，仍令載以檻車，行至陳倉而死。……長子緒最有才藝，上元中，封江都王，累除金州刺史。垂拱中，坐與裴承光交通被殺。神龍初，與元軌並追復爵位，仍封緒孫暉為嗣霍王。景龍四年，加銀青光祿大夫。開元中，左千牛員外將軍。」此霍王疑即指暉。

新唐書七〇下宗室世系表霍王房：霍王元軌——江都王緒——嗣王志順——嗣王右千牛員外郎軍暉——「右」字或「左」字之誤，「郎」字則「將」字之譌。

> 雖生之書題竟絕，而玉之想望不移，賂遺親知，使通消息。尋求既切，資用屢空，往往私令侍婢潛賣篋中服玩之物，多託於西市寄附鋪侯景先家貨賣。曾令侍婢浣沙將紫玉釵一隻，詣景先家貨之。路逢內作老玉工，見浣沙所執，前來認之曰：「此釵，吾所作也。昔歲霍王小女將欲上鬟，令我作此，酬我萬錢，我嘗不忘。汝是何人？從何而得？」浣沙曰：「我小娘子，即霍王女也。家事破散，失身於人。夫壻昨向東都，更無消息。悒怏成疾，今欲二年。令我賣此，賂遺於人，使求音信。」玉工悽然下泣曰：「貴人男女，失機落節，一至於此！我殘年向盡，見此盛衰，不勝傷感。」遂引至延光公主宅，具言前事。公主亦爲之悲歎良久，給錢十二萬焉。

新唐書八三諸帝公主傳：「肅宗女郜國公主，始封延光。下嫁裴徽，又嫁蕭升。升卒，主與彭州司馬李萬亂，而蜀州别駕蕭鼎、澧陽令韋惲、太子詹事李昪皆私侍主家。久之，姦聞。德宗怒，幽主它第，杖殺萬，斥鼎、惲、昪嶺表。貞元四年，又以厭蠱廢。六年薨。」

盧氏方鼓琴於床，忽見自門拋一斑犀鈿花合子，方圓一寸餘，中有輕絹，作同心結，墜於盧氏懷中。生開而視之，見相思子二，叩頭蟲一，發殺觜一，驢駒媚少許。生當時憤怒叫吼，聲如豺虎，引琴撞擊其妻，詰令實告。盧氏亦終不自明。

池北偶談二三驢駒媚條云：「座客偶舉唐小説霍小玉傳中有驢駒媚，不知何物。按：僧贊寧物類相感志云：凡驢駒初生未墮地，口中有一物如肉，名媚，婦人帶之能媚。」寅恪案：物類相感志即依霍小玉傳為解，不可復取之以自訓，轉成重複也。

## 南柯太守傳　　李公佐撰

汪按：撰人李公佐，史不詳其生平。據本傳及謝小娥傳、馮媪傳、古嶽瀆經等篇，大約爲貞元、元和間人。杜光庭神仙感遇傳（見道藏恭字七號）卷三，有李公佐一條，李公佐僕詩云「顓蒙事可親」，注云：「公佐字顓蒙。」又〔舊唐書十八下〕宣宗本紀：〔大中〕二年，御史臺奏：據三司推勘吴湘獄，謹具逐人罪狀，有前揚府録事參軍李公佐。此李公佐是否即爲顯蒙，無從取證。

舊唐書十八下宣宗紀大中二年吴湘獄奏中有李公佐名，恐太晚，非一人也。

## 李娃傳　白行簡撰

（篇首）汧國夫人李娃，長安之倡女也。節行瓌奇，有足稱者，故監察御史白行簡爲傳述。天寶中，有常州刺史滎陽公者，略其名氏，不書。……（篇末）時乙亥歲秋八月，太原白行簡云。

據下文篇末「乙亥歲」之語，則為貞元十一年。知退為貞元末進士，貞元十一年焉能為監察御史乎？若非僞託，則篇首數語在「天寶中」三字以前者，皆後人所加，非原文也。其實，此文南宋時即已有疑其不出於知退者矣。

敦煌本男女陰陽交歡大樂賦亦託之白行簡。

他日，娃謂生曰：「與郎相知一年，尚無孕嗣。常聞竹林神者，報應如響，將致薦酹求之，可乎？」生不知其計，大喜。

昌黎集二三有祭竹林神文，時韓公為京兆尹也。

予伯祖嘗牧晉州，轉户部，爲水陸運使，三任皆與生爲代，故諳詳其事。

據新唐書宰相世系表，行簡之伯祖為鏻（原作「璘」，殆寫誤），即敏中之祖，官揚州録事參軍。白行簡之伯祖之官階，與此所言者不符，固不待論。

汪按：行簡字知退，居易弟也。貞元末，登進士第。元和十五年，授左拾遺，累遷司門員外郎、主客郎中。寶曆二年冬，病卒。有集二十卷，今不存。此傳收入太平廣記（四百八十四），而下注出異聞集。惟廣記四百八十四以下九卷爲雜傳記類，其中所收皆屬單篇，則是此傳雖收入異聞集，在宋初以前固嘗單行也。近頗有疑爲僞託者。

知退卒於寶曆二年丙午，則此乙亥歲為貞元十一年。是年，樂天二十四歲，知退年太少，疑不能作也，俟考。劉後村已疑之矣。

汪按：又按俞正燮癸巳存稿十四有李娃傳一條云：所云常州刺史滎陽公及其子姓官爵，劉後村詩話以爲鄭亞、鄭畋。

後村大全集一七三詩話前集云：「歐陽率更貌寢，長孫無忌嘲之云：「誰令麟閣上，畫此一獮猴？」好事者遂造白猿之説，謗及其親。鄭畋名相，父亞亦名卿，或為李娃傳，誣亞為元和，畋為元和之子，小説因謂畋與盧攜並相不咸，攜詬畋身出倡伎。按：畋與攜皆李翱甥，畋母，攜姨母也。安得如娃傳及小説所云？唐人挾私忿騰虛謗，良可發千載一笑！亞為李德裕客，白敏中素怨德裕，及亞父子。娃傳必白氏子弟為之，託名行簡，又嫁言天寶間事。且傳作於德宗之貞元，追述前事可也；亞登第於憲宗之元和，畋相於僖宗之乾符，豈得預載未然之事乎？其謬妄如此！如周秦行紀，世以為德裕客韋絢(陳注：賈氏談録作韋瓘)所作，二黨真可畏哉！

寅恪案：舊唐書一七八鄭畋傳：「亞登元和十五年進士第。」北夢瑣言六白太傅墓誌盧鄭二相附條云：「鄭文公畋與盧相攜，表親也，閥閲相齊，詞學相均，同在中書，因公事不叶，揮霍間言語相擠，不覺硯瓦翻潑，謂宰相鬬擊，亦不然也，竟以此出官矣。」唐語林七補遺：「鄭相畋與盧相攜，外兄弟，同在中書，因議政喧兢，撲碎硯。王侍中鐸笑之曰：『不意中書有瓦解之事。』」太平廣記一八一引抒情詩李翺女條：「李翺江淮典郡，有進士盧儲投卷，翺禮待之。置文卷几案間，因出視事。長女及笄，閑步鈴閤前，見文卷，尋繹數四，謂小青衣曰：『此人必為狀頭。』迨公退，李聞之，深異其語。乃令賓佐至郵舍，具白於盧，選以為壻。盧謙讓久之，終不却其意。越月隨計，來年果狀頭及第。纔過闈試，徑赴嘉禮云云。」新唐書一八四盧攜傳：「與鄭畋俱李翺甥。」舊唐書一七八盧攜傳：「祖損。父求，寶曆初，登進士第。」新唐書七三上宰相世系表范陽盧氏又有：「盧損，損子求，求子攜，字子升，相僖宗。」徐松唐登科記考二十，王定保唐摭言八陰注陽受條，及唐詩紀事五三盧求條：「求登寶曆二年進士第，李翺之壻也。翺典合淝，有道人號先知。始，翺妹壻楊嗣復知舉，求落第。至是嗣復再知舉，道人以小卷遺嗣復曰：『放牓日開之。』洎放牓開卷，乃曰『裴頭黃尾，三求六李』。時第一人裴求，牓末黃駕，次則李倈、盧求，又李方玄、從毅、道裕、景初、李助、李倈共六人。道人又謂翺曰：『公子之不如外孫。』後求子攜，鄭亞子畋，杜（原作「李」）審權子遜（即「讓」）能為相，皆翺外孫也。」足知唐書甥作外孫解。

## 東城老父傳　陳鴻撰

老父，姓賈名昌，長安宣陽里人。開元元年癸丑生，元和庚寅歲，九十八年矣。

開元元年為七一三年，元和庚寅歲為元和五年，八一〇年。

（開元）十四年三月，衣鬬鷄服，會玄宗於溫泉。當時天下號爲「神鷄童」。

舊唐書八玄宗紀：「開元十三年十一月己巳，至東都（自東封泰山還）。十四年冬十月庚申，幸汝州廣成湯。己巳，還東都。十二月丁巳，幸壽安之方秀川。壬戌，還東都。十五年閏(九)月庚申，車駕發東都，還京師。冬十月己卯，至自東都。十二月乙亥，幸温泉宮。丙戌，至自温泉宮。」據此，開元十四年三月，玄宗在東都，無會於温泉之可能也。

元會與清明節，率皆在驪山。每至是日，萬樂具舉，六宮畢從。

此頗合史事，與甘澤謠荔支香起原說為徵實矣。

上生于乙酉雞辰，使人朝服鬭雞，兆亂於太平矣。

乙酉為武曌垂拱元年，即六八五年。

十四載，胡羯陷洛，潼關不守。大駕幸成都，奔衛乘轝。夜出便門。

舊唐書九玄宗紀下：「天寶十四載十二月丁酉，禄山陷東京。十五載六月辛卯，哥舒翰至潼關，為其帳下火拔歸仁以左右數十騎執之降賊，關門不守。乙未，凌晨，自延秋門出。」

肅宗受命於別殿，昌還舊里。居室爲兵掠，家無遺物，布衣顦顇，不復得入禁門矣。明日，復出長安南門，道見妻兒於招國里，菜色黯焉，兒荷薪，妻負故絮。昌聚哭，訣於道。遂長逝，息長安佛寺，學大師佛旨。

招國坊在朱雀門東南，即蘭陵坊東之第三、平康坊南之第六坊也。

建中三年，〔資聖寺大德〕僧運平人壽盡，服禮畢，奉舍利塔于長安東門外鎮國寺東偏。手植松柏百株。構小舍，居於塔下，朝夕焚香灑掃，事師如生。

此處所謂長安東門，殆即指春明門。

貞元中，長子至信衣并州甲，隨大司徒燧入覲，省昌於長壽里。昌如己不生，絕之使去。

長壽坊在朱雀門西南，即西市南之第三及安業坊西之第四坊也。

元和中，潁川陳鴻祖攜友人出春明門，見竹柏森然，香煙聞於道，下馬覲昌於塔下。

春明門為長安城東面三門之中門。

老人見黃門侍郎杜暹出為磧西節度，攝御史大夫，始假風憲以威遠。見哥舒翰之鎮涼州也，下石堡，戍青海城，出白龍，逾葱嶺，界鐵關，總管河左道，七命始攝御史大夫。

「河左」疑作「河右」，即河西也。

見張說之領幽州也，每歲入關，輒長轅輓輻車輦河間薊州傭，調繒布，駕轊連軏，坌入關門，輸於王府，江淮綺穀，巴蜀錦繡，後宮玩好而已。

傭即庸也。「庸調繒布」四字連文，汪氏斷句非是，或排印之譌，非汪氏之誤。

關中粟米，藏於百姓。

「關中」句，當為和糴政策未行之前事。

老人歲時伏臘得歸休，行都市間，見有賣白衫白疊布。行鄰比鄽間，有人禳病，法用皂布一匹，持重價不克致，竟以幞頭羅代之。近者，老人扶杖出門，閱街衢中，東西南北視之，見白衫者不滿百，豈天下之人皆執兵乎？

此言昔日兵少，故賣白布者多，賣皂布者少；今則衣白者少，而衣皂即兵多也。此猶是內重外輕之時所言，若杜牧之時則不同矣。

隋書十二禮儀志(參閱舊唐書四五輿服志、十二禮樂志、新唐書二四車服志)云：是後師旅事殷，車駕多行幸，百官行從，雖服袴褶，而軍間不便。至(大業)六年，復詔從駕涉遠者，文武官等皆戎衣。貴賤異等，雜用五色。五品已上，通著紫袍，六品已下，兼用緋緑。胥吏以青，庶人以白，屠商以皂，士卒以黄。武德初，因隋舊制。新唐書二四車服志：太尉長孫無忌又議：「服袍者下加襴，緋、紫、緑皆視其品。庶人以白。」寅恪案：是唐初庶人衣白，士卒衣黄也。通典一六九刑典守正條載潘好禮纂徐有功事跡中「丘神鼎」案有「黑襖子即是武夫之衣」等語，其下文「黑襖」亦作「皂襖」或「皂衣」，是武則天時士卒已衣皂矣。唐會要七二軍雜録云：廣德二年三月，禁王公百吏家及百姓著皂衫及壓耳帽子，異諸軍官健也。又開成元年正月勅：「坊市百姓，甚多著緋皂開後襖子，假託軍司。自今已後，宜令禁斷。」斯又唐中葉後士卒衣皂之明證也。唐語林七補遺云：唐末士人之衣尚黑，故有紫緑，有黑紫。迨兵起，士庶之衣具皂。此其讖也。

上皇北臣穹廬，東臣雞林，南臣滇池，西臣昆夷，三歲一來會。朝覲之禮容，臨照之恩澤，衣之錦絮，飼之酒食，使展事而去，都中無留外國賓。今北胡與京師雜處，娶妻生子，長安中少年，有胡心矣。吾子視首飾鞾服之制，不與向同，得非物妖乎？

舊唐書一五一王鍔傳不載為鴻臚少卿時事，宋子京别採史料補之也。新唐書一七〇王鍔傳所載，可與鄴侯家傳相參證。通鑑貞元三年七月初，河隴既没於吐蕃，自天寶以來安西、北庭奏事及西域使人在長安者，歸路既絶，人馬皆仰給於鴻臚禮賓〔院〕。委府縣供之，於度支受直。度支不時付直，長安市肆不勝其弊。李泌知胡客留長安久者或四十餘年，皆有妻子，買田宅，舉質取利，安居不欲歸。

（此條無關，聊記於此：舊唐書十二德宗紀上：大曆十四年七月，罷右銀臺門客省歲給廩料萬二千斛。自永泰已來，或四方奏計未遣者，或上書言事忤旨者，及蕃客未報者，常數百人，於客省給食，横費已甚，故罷之。參新唐書五一食貨志末，通鑑二二五大曆十四年七月條。）

「長安中少年有胡心」，可與白氏新樂府時世妝參證，蓋元和時長安之風尚也。陳黯華心之説正可與胡心為對文。

汪按：按唐書藝文志，子部小説類載陳鴻開元升平源一卷，不載此傳。宋史藝文志，史部傳記類著録陳鴻東城老父傳一卷。傳末語及開元理亂之源，有不勝今昔低徊之感，則是陳鴻此篇，固猶開元升平源意也。

撰東城老父傳者，陳鴻祖也，非陳鴻也。傳文中作者自稱其名凡四處可證。自來録此傳作者之名，下脱一字，故以二人混為一人矣。新唐書五九藝文志三陳鴻開元升平源一卷，注：「字大亮，貞元主客郎中。」全唐文六一二陳鴻小傳改作「太和三年，官尚書主客郎中」，蓋據其所撰廬州同食館記。（唐文粹七五有陳鴻廬州同食館記，後云：「太和三年太歲己酉正月壬午朔二十日辛丑記。」）陳鴻祖東城老父傳文收入全唐文七二〇卷，但僅書「潁川人」，蓋即據此傳文，其他皆無所考也。

汪按：又唐文粹（九十五）載陳鴻大統紀序有云：「臣少學乎史氏，志在編年。貞元丁酉歲（按貞元無丁酉，或爲丁卯、丁丑之誤），登太常第，始閉居遂志，迺修大紀三十卷。七年書就，故絶筆於元和六年辛卯。」據此，則知鴻爲貞元、元和間人，至文宗太和之初，尚在朝列；而平生所學，蓋有志乎史氏編年之學者矣。

徐松登科記考十五定陳鴻為貞元乙酉（二十一年）進士，其說甚諦。陳鴻大統紀序自言「貞元丁酉歲登太常第」，其「丁酉」乃「乙酉」之譌寫，非「丁卯」、「丁丑」之誤文也。偶而失檢，未足為病也。

汪按：又按賈昌事，當爲唐人實録。李白詩（陳注：李太白文集卷二古風其二十四）云：「大車揚飛塵，亭午暗阡陌。中貴多黃金，連雲開甲宅。路逢鬬雞者，冠蓋何輝赫！鼻息干虹蜺，行人皆怵惕。世無洗耳翁，誰知堯與跖？」蕭士贇曰：「此篇諷刺之詩，蓋爲賈昌輩而作。」

舊唐書一〇五王鉷傳：「鉷子準衛尉少卿，亦鬭雞供奉。」杜工部集十五，追憶明皇時事洞房等五律八首，其第四首鬭雞云：「鬭雞初賜錦，舞馬解（原注：一作「既」）登牀。簾下宮人出，樓前御曲（原注：一作「柳」）長。仙遊終一閟，女樂久無香。寂寞驪山道，清秋草木黃。」

## 長恨歌傳

陳鴻撰

先是，元獻皇后、武惠妃皆有寵，相次即世。

大唐新語十一懲戒篇武惠妃有專房之寵將奪嫡條：三庶（太子瑛、鄂王瑤、光王琚）以〔開元〕二十五年四月二十三日死，武妃至十二月而薨，識者知有神道焉。

詔高力士潛搜外宮，得弘農楊玄琰女於壽邸，既笄矣。鬢髮膩理，纖穠中度，舉止閑冶，如漢武帝李夫人。

此為此故事加入李夫人故事張本，傳中至要之警句也。

進見之日，奏霓裳羽衣曲以導之；定情之夕，授金釵鈿合以固之。

龍城録上明皇夢遊廣寒宮條云：「開元六年，上皇與申天師、道士鴻都客，八月望日夜，因天師作術，三人同在雲上遊月中。見有素娥十餘人，皆皓衣，乘白鸞，往來笑舞於廣陵大桂樹之下。又聽樂音嘈雜，亦甚清麗。上皇素解音律，熟覽而意已傳。頃，天師欲歸，三人下若旋風，忽悟若醉中夢迴爾。次夜，上皇欲再求往，天師但笑而不允。上皇因想素娥風中飛舞緋被，編律成音，製霓裳羽衣舞曲。」寅恪案：此王性之偽撰也，故鴻都客亦見於此。殊不知「鴻都客」用後漢書楊震傳附賜傳語，乃真以為人名，誤矣。

明年，册爲貴妃，半后服用。繇是冶其容，敏其詞，婉孌萬態，以中上意。上益嬖焉。時省風九州，泥金五嶽，驪山雪夜，上陽春朝，與上行同輦，止同室，宴專席，寢專房。雖有三夫人、九嬪、二十七世婦、八十一御妻，暨後宮才人、樂府妓女，使天子無顧盼意。自是六宮無復進幸者。

梅妃外傳乃後作偽書，其首言「長安大內、大明、興慶三宮，東都大內、上陽兩宮，幾四萬人，自得妃，視如塵土」，以上陽屬之東都，尚不誤；乃其後云「竟為楊氏遷於上陽東宮」，則誤矣。蓋玄宗自楊妃入宮後，即無幸洛陽之事，則梅傳此處之上陽自指在長安而言，殊不知長安無上陽宮也。此與陳鴻長恨歌傳中「上陽春朝」之語同一錯誤。

新唐書五三食貨志：「貞觀、開元後，邊土西舉高昌、龜茲、焉耆、小勃律，北抵薛延陀故地，緣邊數十州戍重兵，營田及地租不足以供軍，於是初有和糴。牛仙客為相，有彭果者獻策廣關輔之糴，京師糧稟益羨，自是玄宗不復幸東都。」參通鑑二一四開元二十五年九月條。案：二十三年冬十月戊申，車駕發東都，丁卯至西京。

潼關不守，翠華南幸，出咸陽，道次馬嵬亭。六軍徘徊，持戟不進。

舊唐書五一后妃傳楊貴妃傳：「既而四軍不散。」張宗泰考證，引新唐書兵志謂：此時無六軍，至德二載，置左右神武軍，與左右羽林、左右龍武，總曰「北衙六軍」。其說是也。然舊書玄宗紀：「〔天寶十五載六月〕壬寅，次散關。分部下為六軍，潁王璬先行，壽王瑁等分統六軍，前後左右相次。」則貴妃死後數日便有六軍矣。舊書肅宗紀：「明年（天寶十五載）六月，哥舒翰為賊所敗，關門不守，國忠諷玄宗幸蜀。丁酉，至馬嵬頓，六軍不進，請誅楊氏。」所謂「六軍不進」，則亦通泛語，與通鑑同也。

通鑑二一八至德元載（即天寶十五載）六月壬辰（即初十日）既夕，命龍武大將軍陳玄禮整比六軍。據通鑑，六月丙申貴妃死至壬寅，則僅七日也。

當時敢言者請以貴妃塞天下怨。上知不免,而不忍見其死,反袂掩面,使牽之而去。倉皇展轉,竟就死於尺組之下。

此與史傳所載者同。舊唐書五一后妃傳上:「帝不獲已,與妃訣,遂縊死於佛堂。」新唐書七六后妃傳上:「縊路祠下。」通鑑二一八至德元載:「上乃命力士引貴妃於佛堂,縊殺之。」劉禹錫馬嵬行云:「貴人飲金屑,倏忽蕣英暮。」然則玉環之死亦傳聞異詞也。

玉妃茫然退立,若有所思,徐而言曰:「昔天寶十載,侍輦避暑於驪山宮。秋七月,牽牛、織女相見之夕,秦人風俗,是夜張錦繡,陳飲食,樹瓜華,焚香於庭,號爲『乞巧』,宮掖間尤尚之。時夜殆半,休侍衛於東西廂,獨侍上。上憑肩而立,因仰天感牛女事,密相誓心,願世世爲夫婦。言畢,執手各嗚咽。此獨君王知之耳。」

此言「十載」,甘澤謠作「十四載」,太真外傳則採此傳作「十載」。舊唐書九玄宗紀下:「天寶十四載冬十月壬辰,幸華清宮。十一月戊午朔,丙寅,安祿山反於范陽。壬申,聞於行在所。戊寅,還京。」是天寶十四載斷無幸驪山之事,袁郊之語殊妄,而永叔採入唐書禮樂志,可謂失檢矣。

説郛三十二范正敏遯齋閒覽十四卷詩談華清宮詩條云:「杜牧華清宮詩『驪山回望繡成堆』云云,

尤膾炙人口。據唐紀，明皇帝常以十月至驪山，至春即還宮，未嘗六月在驪山也。然荔枝盛暑方熟，詞意雖是，而失事實。」

考古編八華清宮生荔枝條云：「說者謂明皇帝以十月幸華清宮，涉春輒回，是荔枝熟時未嘗在驪山。然咸通中有袁郊作甘澤謠，載許雲封所得荔枝香笛曲曰：『天寶十四年（應為「載」）六月〔一〕日是貴妃誕辰，駕幸驪山（時驪山駐蹕），命小部音聲奏樂長生殿，進新曲，未有名。會南海獻荔枝，因名荔枝香。』開元遺事：帝與妃每至七月七日夜在華清宮殿宴。而白香山長恨歌亦言『七月七日長生殿，夜半無人私語時』，則知牧之乃當時傳信語也。世人但見唐史所載，遽以傳聞而疑傳信，大不可也。」

新唐書二十二禮樂志：「帝幸驪山，楊貴妃生日，命小部張樂長生殿，因奏新曲，未有名，會南方進荔枝，因名曰荔枝香。」寅恪案：此歐公採袁郊甘澤謠許雲封條而不悟其非事實也。

〔玉妃〕因自悲曰：「由此一念，又不得居地，復墮下界，且結後緣。或爲天，或爲人，決再相見，好合如舊。」因言：「太上皇亦不久人間，幸惟自安，無自苦耳。」使者還奏太上皇，皇心震悼，日日不豫。其年夏四月，南宮宴駕。

下「日」作「益」更佳。又玄宗已由興慶遷西内之甘露殿，故應作「西内」也。

長恨歌：「七月七日長生殿，夜半無人私語時。」

舊唐書九玄宗紀下：「天寶元年冬十月丁酉，幸温泉宮。辛丑，新成長生殿，名曰集靈臺，以祀天神。」

唐會要三〇華清宮條云：「天寶元年十月，造長生殿，名為集靈殿，以祀神。」張祜宮詞：「日光斜照集靈臺，紅樹花迎曉露開。昨夜上皇新受籙，太真含笑入簾來。」

唐詩紀事六二(全唐詩第二十一函)鄭嵎津陽門詩注云：「飛霜殿即寢殿，而白傅長恨歌以長生殿為寢殿，殊誤矣。」又云：「有長生殿，乃齋殿也。有事於朝元閣，即御長生殿以沐浴也。」

汪按：明刻文苑英華，本傳後附刊一篇，云出麗情集及京本大曲。麗情集二十卷，爲宋祥符間張君房所撰。晁公武讀書志謂其書編集古今情感事。君房當有所本。

王闓運日記：「徐樹鈞所作圓明園詞序亦經改定。」然則麗情集本殆陳氏元稿邪？吾嘗謂續搜神記中之桃花源記為淵明元本，亦同此意。

## 附：楊太真外傳 卷上　宋史官樂史撰

妃早孤，養於叔父河南府士曹玄璬家。開元二十二年十一月，歸於壽邸。

唐大詔令集四十册文作「開元二十三年，歲次乙亥，十二月壬子朔，二十四日乙亥」。

二十八年十月，玄宗幸温泉宫（自天寶六載十月復改爲華清宫），使高力士取楊氏女於壽邸，度爲女道士，號太真，住内太真宫。

新唐書五玄宗紀：「開元二十八年十月甲子，幸温泉宫。以壽王妃楊氏為道士，號太真。」與外傳同。不知是否即取之於樂史書，抑别有依據也。

南部新書辛：「楊妃本壽王妃，開元十八年度為道士入内。」寅恪案：「十八年」上疑奪「二」字。

天寶四載七月，册左衛中郎將韋昭訓女配壽邸。

唐大詔令集四十有「天寶四載，歲次乙酉，七月丁卯朔，二十六日壬辰，册壽王妃韋氏」文。

是月，於鳳凰園册太真宫女道士楊氏爲貴妃，半后服用。

宋敏求長安志六、徐松唐兩京城坊考一宮城云：東面一門，鳳凰門，隋曰建春門，後改通訓門。明皇時鳳凰集通訓門，詔改鳳凰門。今檢兩唐書五行志、會要祥瑞門，皆不載此事，俟考。畢沅關中勝蹟圖記五鳳凰門條即據宋次道長安志六西內一章，兩京城坊考亦據長安志。

通鑑天寶十一載八月癸巳條及十月己亥條。

白居易胡旋舞有「梨花園中册作妃」之句，唐長安有二梨園，一在光化門北禁苑中，一即明皇教曲子弟者，在蓬萊宮側，地望皆不合，疑白詩無據也。

長安志八、兩京城坊考三：安邑坊，太真觀，天寶五載，貴妃姊裴氏請捨宅置太真女冠觀（疑其知册為貴妃之故也）。寶應元年，與肅明觀換名焉。又：親仁坊，西南隅咸宜女冠觀，睿宗在藩之第，明皇升極於此。開元初，置昭成、肅明二皇后廟，謂之儀坤廟。睿宗升遐，昭成遷入太廟，而肅明留於此。開元二十一年，肅明皇后亦祔入太廟，遂為肅明道士觀。寶應元年，咸宜公主入道，與太真觀換名焉。

新唐書八三諸公主列傳：「玄宗二十九女：咸宜公主，貞順皇后所生。下嫁楊洄，又嫁崔嵩。薨興元時。」

唐會要十九儀坤廟條：先天元年十月六日，祔昭成、肅明二皇后於儀坤廟。（原注：廟在親仁里。）開元四年，十一月十六日昭成皇后祔于太廟。至八月九日，勅肅明皇后依前儀坤廟安置。于是遷昭成皇后神主祔於睿宗之室，惟留肅明皇后神主於儀坤廟。八月二日，勑儀坤廟隸入太廟，不宜頓置官屬。至二十一年正月六日，遷祔肅明皇后神主於太廟，其儀坤廟為肅明觀。

唐會要五十觀條：咸宜觀，親仁坊，本是睿宗藩國地。開元初，置昭成、肅明皇后廟，號儀坤。後昭成遷入太廟。開元四年八月九日勑：肅明皇后依前於儀坤廟安置。二十一年正月六日，肅明皇后祔入太廟，遂為道士觀。寶應元年五月，以咸宜公主入道，與太真觀換名焉。太真觀、道德坊，本隋秦王浩宅。

名畫記：咸宜觀有吴道玄、解倩、楊廷光、陳閎畫。

南部新書：長安士大夫之家入道，盡在咸宜。按：女道士魚玄機住咸宜觀。

長安志九、兩京城坊考四：道德坊，開元觀，本隋秦王浩宅。武后朝置永昌縣。神龍元年，縣廢，遂為公主宅。景雲元年，置道士觀。開元五年，金仙公主居之，改為女冠觀。十年，改為開元觀。

名畫記：開元觀有楊廷光、楊仙喬畫。

白氏長慶集夏同諸校正遊開元寺因宿玩月詩，注云：開元觀西北院即隋時龍村佛堂，有古柏一株，至今存焉。元氏長慶集十開元觀閑居酬吴士矩侍御四十韻：「趨殿禮胡髯。」注云：殿有玄宗皇帝御容。

寅恪案：據名畫記及元白詩，知寶應後仍稱開元觀，無換名之事。然太真觀者即睿宗后（太真后）

道觀之義也。但唐宮中有太真觀與否，無他證，不敢決；即有之，亦或當作「太真帝后」解，不同太清宮之義也。據此，玉環之號太真，必以在親仁坊（或為道德坊）昭成皇后太真觀為女冠之故，宮中或未必有太真宮也。又據上述唐會要儀坤廟條，似此觀名肅明者，殆又名太真邪？俟考。

又按舊唐書七、新唐書五：睿宗謚大聖真皇帝，昭成肅明皆睿宗后，故肅明觀亦得名太真觀也。

通鑑天寶三載裴敦復賂考官，楊太真之姊使言於上，十二月甲午，裴寬坐貶睢陽太守事云：「不期歲，寵遇如〔武〕惠妃。」「四載，八月壬寅，册楊太真為貴妃。」通鑑考異云：「統紀八月册女道士楊氏為貴妃。本紀甲辰。唐曆甲寅。今據實録，壬寅，贈太真妃父玄琰等官。甲辰、甲寅皆在後，恐册妃在贈官前。新本紀亦云：『八月壬寅，立太真為貴妃。』今從之。」

章氏遺書外書三丙辰劄記云：「昔人論唐玄宗納壽王妃楊氏一事，謂楊氏初為壽王所聘，尚未歸壽邸也。此説意存忠厚，然未考事實也。按楊妃傳，妃死於馬嵬之難在天寶十五載丙申，死時年三十八。推其生年，當在開元七年己未。唐大詔令集，開元二十三年乙亥册楊氏為壽王妃。自己未至乙亥，妃生方十七年。天寶四載乙酉有度壽王妃楊氏入道册文，云『素以端慤，作嬪藩國，雖居禁貴，每在清修』，則楊氏入壽邸已十年矣。是年，册韋昭訓女為壽王妃，而楊氏入宮。妃於時已二十有七。玄宗生於光宅二年，乙酉年已六十有一。而納妃後宮又十一年而遘馬嵬之難，妃三十八，而玄宗已七十二矣。豈非孽哉？朱竹垞所考，謂楊氏以室女入宮，亦未確也。」不知章氏何據？可疑。今唐大詔令集度妃册文皆無年月。
朱氏曝書亭集五五竹垞考定楊妃入宮為開元二十五年正月二日，誤。
通典一二九禮典八九開元禮纂類二四嘉禮八親王納妃條（杜氏注云：為是國家修纂，今則悉依舊文，不輒有删改。）所列典禮先後次第，為：（一）納采，（二）問名，（三）納吉，（四）納徵，（五）請期，（六）册妃，（七）親迎，（八）同牢，（九）妃朝見，（一〇）婚會，（一一）婦人禮會，（一二）饗丈夫送者，（一三）饗婦人送者。

〔開元〕二十一年十一月惠妃即世。

當作開元二十五年十二月。

又贈玄琰兵部尚書，……叔玄珪爲光禄卿、銀青光禄大夫，再從兄釗拜爲侍郎、兼數使，兄銛又居朝列，堂弟錡尚太華公主。……七載，加釗御史大夫，權京兆尹，賜名國忠，……銛授銀青光禄大夫、鴻臚卿，列棨戟，特授上柱國。

新唐書七一下宰相世系表：太尉震子奉，後漢城門校尉、中書侍郎。八世孫結，仕慕容氏中山相。二子：珍、繼。至順，徙居河中永樂；岐徙居原武。

| | | | | | | | | | | |
|---|---|---|---|---|---|---|---|---|---|---|
| 珍 | 真 | 懿 | 順 | 琛 | 汪（隋梁郡通守） | 令本（庫部郎中） | 友諒（昊陵令） | 珣（宣州司士參軍） | 國忠 | |
| | | | | | | | 志謙 | 玄琰（蜀州司户參軍） | 銛 | |
| | | | | | | | | 玄珪 | 錡 | |
| | | | | | | | | 玄璬 | 鑑 | |

## 楊太真外傳 卷下

妃子既生於蜀，嗜荔枝。南海荔枝，勝於蜀者，故每歲馳驛以進。然方暑熱而熟，經宿則無味。後人不能知也。

國史補上：楊貴妃生於蜀，好食荔枝。南海所生，尤勝蜀者，故每歲飛馳以進。然方暑而熟，經宿則敗。後人皆不知之。

十四載六月一日，上幸華清宮，乃貴妃生日。上命小部音聲（注：小部者，梨園法部所置，凡三十人，皆十五已下。）於長生殿奏新曲，未有名，會南海進荔枝，因此曲名荔枝香。

此袁郊甘澤謠之語，新唐書音樂志採之。南宋人已辨其誤矣。

> 京兆司録韋鍔進曰：「乞陛下割恩忍斷，以寧國家。」

「鍔」應作「諤」。

> 力士遂縊於佛堂前之梨樹下。

樂史謂妃縊死於梨樹之下，恐是受香山歌「梨花一枝春帶雨」之影響。果爾，則殊可笑矣。

> 初，禄山嘗於上前應對，雜以諧謔。妃常在座，禄山心動。及聞馬嵬之死，數日歎惋。雖林甫養育之，國忠激怒之，然其有所自也。

此取之姚汝能安禄山事跡。

國史補上：安禄山恩寵寖深，上前應對，雜以諧謔，而貴妃常在座。詔令楊氏三夫人約為兄弟，由是心動。及聞馬嵬之死，數日歎惋。雖林甫養育之，而國忠激怒之，然其他賜有所自也。

> 至德二載，既收復西京。十一月，上自成都還，使祭之。

蜀郡有萬里橋，玄宗至而喜曰：「吾常自知，行地萬里則歸。」（元氏長慶集二十四新樂府法曲注。）

〔聖皇〕常玩一紫玉笛，因吹數聲，有雙鶴下於庭，徘徊而去。聖皇語侍兒宮愛曰：「吾奉上帝所命，爲元始孔昇真人。此期可再會妃子耳。笛非爾所寶，可送大收。」（原注：大收，代宗小字。）

通鑑考異：開元二十六年，引陳嶽大唐統紀，有「大枒」之語。温公以為不可解。疑此處「大收」亦即「大枒」之譌，當是「大哥」之別書。此「哥」字本出自胡語。原無定字也。又管子「吾子」即「牙子」之謂。或者「枒」即「牙」，「大枒」即今楚人言「大伢」耶？俟考。然其意必謂長子，恐非代宗小字也。

妃子死日，馬嵬媼得錦袎襪一隻，相傳過客一玩百錢，前後獲錢無數。

國史補上：玄宗幸蜀，至馬嵬驛，命高力士縊貴妃於佛堂前梨樹下，馬嵬店媼收得錦靿一隻，相傳過客，每借翫，必須百錢，前後獲利極多，媼因致富。

（傳末補記）

錢曾讀書敏求記四：集部唐大詔令集一百三十卷。余考開元二十三年乙亥，十二月壬子朔，二十四日乙亥，册河南府士曹參軍楊玄璬長女為壽王妃。蓋妃之父為蜀州司户玄琰。生而早孤，養於叔父玄璬，故册稱玄璬女也。開元二十八年十月，玄宗幸温泉宮，使高力士取楊氏女於壽邸，命孫逖敕度為女道士，號太真，住内太真宮。天寶四載乙酉，七月丁巳朔，二十六日壬辰，册左勲衛府右郎將韋昭訓第二女為壽王妃。是月，即於鳳凰園册太真宮女道士楊氏為貴妃。前後二册文及楊妃入道敕，諸書俱不載，今全録於此，時日皆班班可考，千載而下，覽者能不為之失笑乎？玉溪生龍池絶句：「夜半宴歸宫漏永，薛王沈醉壽王醒。」詩人言外託諷詠之，殊難為情，箋義山集者應取二册文并入道敕為此詩之注脚何如？

舊唐書一九〇中文苑傳孫逖傳云：「〔開元〕二十四年，拜逖中書舍人。丁父喪免。二十九年服闋，復為中書舍人。其年充河東黜陟使。天寶三載，權判刑部侍郎。五載，以風病求散秩，改太子左庶子。逖掌誥八年，制敕所出，為時流歎服云云。」然則趙與旹所謂孫逖為册貴妃文者，尚待詳考。若楊妃以開元二十八年十月入宫（新唐書玄宗紀），則逖在服中，不當草敕。天寶四載是否仍執綸誥，史無明文，殊不能必。若開元二十三年册壽王妃楊氏文，逖未為中書舍人，亦不當草文。總之，史云逖掌制誥八年，此「八」字是否有誤？假使不誤，從何起訖，尚須確考方能決定也。

杭世駿訂訛類編二事訛門楊妃入宫并竊笛事條云：野客叢書（二十四楊妃竊笛條）曰：「容齋續筆（卷二開元五王條）曰：明皇兄弟五人，至天寶初已無存者。楊太真以三載方入宫，而元稹連昌宮詞云『百官隊仗避岐、薛，楊氏諸姨車鬬風』，笑之也。僕考唐史，申王以開元十二年薨，岐王以十四年薨，薛王以二十二年薨，邠王以二十九年薨；而楊妃以二十四年入宮，號太真，遂專房宴。是時，申、岐、薛三王雖已死，而寧、邠二王尚存。是以張祜目擊其事，繫之樂章。有曰：『日映宮牆霧半開，太真簾卷畏人猜。黄番綽指向西樹，不信寧王迴馬來。』又曰：『虢國潛行韓國隨，宜春小苑映花枝。金輿遠幸無人見，偷把邠王小管吹。』蓋紀其實也。惟容齋認楊妃為天寶三年方入宮，所以有是失，不知天寶初太真進册貴妃，非入宮時也。集中謂虢國竊邠王笛，而百斛明珠乃謂楊妃竊寧王笛，此説不同。」愚（世駿）案：讀書敏求記載唐大詔令（集）……，據此，則開元時楊氏為壽王妃，為女道士；天寶初始為玄宗貴妃。與容齋之語合，與叢書所考唐史不合，俟查。

## 鶯鶯傳　元稹撰

張生遊於蒲。蒲之東十餘里，有僧舍曰普救寺，張生寓焉。適有崔氏孀婦，將歸長安，路出於蒲，亦止兹寺。

元和郡縣志十二：蒲州河東縣，本漢蒲坂縣地也。（開皇）十六年，移蒲坂縣於城東，仍於今理置河東縣。大業二年，省蒲坂縣，入河東縣。州城即蒲坂城也。

續高僧傳三九（興福篇二九）唐蒲州普捄寺釋道積傳云：先是，沙門寶澄隋初創營。大像，百尺萬工，纔登其一，而澄早逝。鄉邑耆艾請積繼之。其寺蒲坂之陽，（嵩）高爽華博，東臨州里，南望河山，像設三層，巖廊四合，上坊下院，奕赫相臨，園碪田蔬，周環俯就，小而成大，咸積之功。

唐晏庚子西行紀事云：未至蒲州十里為普救屯，北臨官道，岸勢陡絶。盤行而上，有普救寺，為隋僧道積所建。正面中條，佛面金光，與巒光照映。自兵後不修，只大殿及寶塔無恙，餘皆不存。游人題詩，皆詠雙文（鶯鶯）事，然所謂「西厢」者，久成蔓草矣。其西即蒲坂，危坂嶄巖，下瞰府城，所謂「鳴鑾下蒲坂，飛輿入秦中」，正在此地。

是歲，渾瑊薨於蒲。有中人丁文雅，不善於軍，軍人因喪而擾，大掠蒲人。……十餘日，廉使杜確將天子命以總戎節，令於軍，軍由是戢。

舊唐書一三四渾瑊傳：「（貞元）十五年十二月二日薨於鎮。」案：長曆貞元十五年十二月庚午朔，二日應為辛未，與新紀及通鑑同，舊傳與紀異。

舊唐書十三德宗紀：「貞元十五年十二月庚午，朔方等道副元帥、河中絳州節度使、檢校司徒、兼奉朔中書令渾瑊薨。丁酉，以同州刺史杜確為河中尹、河中絳州觀察使。」庚午至丁酉為二十八日，微之所記似不符。

考新唐書七德宗紀，渾瑊薨於辛未，亦僅後一日，恐「十餘日」上奪「二」字。通鑑二三五唐紀德宗貞元十五年十二月辛未，中書令咸寧王渾瑊薨於河中，所紀日與新唐記同。或渾瑊薨後，兵未即大掠，微之所言乃從兵掠後算起耳。據元氏長慶集三十叙詩寄樂天書，言德宗姑息藩鎮情事甚詳。（書云：「貞元十年已後，德宗皇帝春秋高，理務因人，外閫節將，動十餘年不許朝覲，死於其地者十八九。而又將豪卒愎之處，因喪負衆，横相賊殺，告變駱驛。使者迭窺，旋以狀白天子，曰：某色將某能遏亂，亂衆寧附，願為帥。名為衆情，其實逼詐。因而可之，又十八九。前置介倅因緣交授者，亦十四五。」）頗疑確早到蒲，與亂軍已有接洽，事安後再求朝廷許可，因以命之。所以史書命杜確之日乃形式之日，而微之所紀乃真實之日也。

國史補中云：德宗自復京闕，常恐生事，一郡一鎮有兵，必姑息之。唯渾令公奏事不過，輒私喜曰：「上必不疑我也。」

〔張〕問其〔崔〕年紀，鄭曰：「今天子甲子歲之七月，終今貞元庚辰，生年十七矣。」

德宗興元元年甲子至貞元十六年庚辰，適十七歲。

因命拂琴，鼓霓裳羽衣序。

琴中有此序，所未聞，俟考。今東洲所傳之清海波，據云即霓裳羽衣散序之音，未能定其確否，要為有本，非臆説也。

河南元稹亦續生會真詩三十韻，詩曰：「……乘鶩還歸洛，吹簫亦上嵩。……」

舊作「鶩」字，恐是「鶴」字。述古堂本才調集卷五録此詩作「警乘還歸洛」，「警乘」二字亦有倒誤也。

後數日，張生將行，又賦一章以謝絶。……自是，絶不復知矣。……貞元歲九月，執事李公垂宿於予靖安里第，語及於是。公垂卓然稱異，遂爲鶯鶯歌以傳之。

白氏長慶集二五唐河南元府君夫人滎陽鄭氏墓誌銘云：「有唐元和元年九月十六日寢疾殁於萬年縣靖安里私第。」（舊唐書一七三李紳傳：「元和初，登進士第。」是紳為元和元年進士。）貞元二十一年八月改元永貞，此「貞元歲」必在貞元十八年微之娶韋氏以後至貞元二十年以前，而據文中「自是，絶不復知矣」推之，當以貞元二十年為作此文之最可能年月也。又「貞元歲」疑是「永貞元歲」奪「永」字耳，俟考。

「遂為鶯鶯歌以傳之」，此即陳鴻作長恨傳、樂天作長恨歌之所本。

汪按：後人以張生賦會真詩三十韻，又名曰會真記。

道藏夜字號西山群仙會真記五卷，清虛洞天華陽真人施肩吾希聖傳三仙門弟子天下都間客李竦全美編。又有會真集五卷（有圖），超然子王志昌撰。施肩吾字希聖，洪州人。元和十年進士。全唐詩十八施肩吾詩及第後夜訪月仙子：「自喜尋幽夜，新當及第年。還將天上桂，來訪月中仙。」贈仙子：「欲令雪貌帶紅芳，更取金瓶瀉玉漿。鳳管鶴聲來未足，嬾眠秋月憶蕭郎。」案：西山群仙會真記為李竦所編，容有後人加入之作，其「會真」之名疑肩吾前原已有之乎？蓋此等即使係金元以後僞作（姚鼐撰四庫提要謂：西山群仙會真記引海蟾子劉操，操，遼燕山人，則出於金元間道流依託），但「會真」為道家之一專門名詞，「真」「仙」通用字，「仙」又為少女之代字，固無疑也。

汪按：亳州李紳有鶯鶯歌。……金章宗時，有董解元演之爲西厢記。見傳是樓書目。

李紳鶯鶯歌（董解元絃索西厢記載此歌，全唐詩本不完）：「伯勞飛遲燕飛疾，垂楊綻金花笑日。緑窗嬌女字鶯鶯，金雀䰰鬟年十七。黃姑天上（一作上天）阿母在，寂寞霜姿素蓮質。門掩重關蕭寺中，芳草花時不曾出。河橋上將亡官軍，虎旗長戟交壘門。鳳凰詔書猶未到，滿城戈甲如雲屯。

家家玉貌棄泥土，少女嬌妻愁(一作應)被虜。出門走馬皆健兒，紅粉潛藏欲何處？嗚嗚阿母啼向天，窗中抱女投金鈿。鉛華不顧欲藏艷，玉顏轉瑩如神仙。此時潘郎未相識，偶住蓮館對南北。潛歎悽惶阿母心，為求白馬將軍力。明明飛詔五雲下，將選金門兵悉罷。阿母深居雞犬安，八珍玉食進(一作邀)郎餐。千言萬語對生意，小女初笄為姊妹。丹誠寸心難自比，寫在紅牋方寸心(一作紙)。寄與(一作語)春風伴落花，彷彿隨風綠楊裏。窗中暗讀人不知，剪破紅綃裁作詩。還怕(一作把)香風易飄蕩，自令青鳥口銜之。詩中報郎含隱語，郎知暗到花深處。三五月明當戶時，與郎相見花間路(一作語)。」

寅恪案：雙文詩題為明月三五夜，故以結。然無議論之語，於文體未備，非以傳文補足之不可也。

汪按：趙德麟侯鯖録卷五所載辨正及商調蝶戀花十闋，關係此傳甚切。辨傳奇鶯鶯事云：所謂傳奇者，蓋微之自叙，特假他姓以避耳。……然必更以張生者，豈元與張受命姓氏，本同所自出耶？(張姓出黃帝之後，元姓亦然，後爲拓拔氏，後魏有國，改號元氏。)微之用遊仙窟崔、張舊姓，非元與張有關也。

汪按：微之古決絕詞云：「噫春冰之將泮，何余懷之獨結？有美一人，於焉曠絕。一日不見，比一日於三年，況三年之間別！水得風兮小而已波，筝在苞兮高不見節。矧桃李之當春，競衆人而攀折。我自顧悠悠而若雲，又安能保君皚皚之如雪？感破鏡之分明，覩淚痕之餘血。幸他人之既不我先，又安能使他人之終不我奪？已焉哉！織女別黄姑，一年一度暫相見，彼此隔河何事無？」

雖是妙語，然而薄情。

汪按：微之夢遊春云：「昔歲夢遊春，夢遊何所遇？夢入深洞中，果遂平生趣。……」黄宗羲行朝録自序云：唐末，黄巢兵逼潼關，士子方留連曲中待試，為詩云：「與君同訪洞中仙，新月如眉拂户前。領取嫦娥攀桂子，任從陵谷一時遷。」元氏長慶集三十叙詩與樂天書云：「又有以干教化者，近世婦人，暈淡眉目，綰結頭鬟，衣服修廣之度，及匹配色澤尤劇怪艶。因為艶詩百餘首，詞有今古又兩體。」韋縠才調集卷五元稹五十七首，夢遊春七十韻。

「過盡萬株桃，盤旋竹林路。長廊抱小樓，門牖相迴互。……」

所謂「萬樹桃花擁小樓」者也。白樂天和詩「夢遊仙山曲」及「漸入桃花谷」，皆實事也。若遊仙窟之「松柏巖，桃李澗」，則泛泛形容之詞，非元白詩之有本事可比，宜分別觀之。王質夫與樂天偕游之仙遊寺，疑與之有關，俟考。

「叢梳百葉髻（時勢頭），金蹙重臺履（踏殿樣）。紕軟鈿頭裙（琴瑟色），玲瓏合歡袴（夾纈名）。鮮妍脂粉薄，暗澹衣裳故。最似紅牡丹，雨來春欲暮。（下略）」

今此等詩，元氏長慶集未載。唐語林四賢媛，因話録：「玄宗柳婕妤有才學，上甚重之。婕妤妹適趙氏，性巧慧，因使工鏤板為雜花象之，而為夾結，因婕妤生日獻王皇后一匹，上見而賞之，因勅宮中依樣製之。當時甚祕，後漸出，遍於天下，乃為至賤所服。」寅恪案：雙文當貞元中服夾結，足徵一世流行，雖至賤亦服之矣。

「近作夢仙詩，亦知勞肺腑。一夢何足云，良時事婚娶。當年二紀初，佳節三星度。朝蕣玉佩迎，高松女蘿附。韋門正全盛，出入多歡裕。」（樂天和微之夢遊仙詩序云：「『斯言也，不可使不知吾者知，知吾者亦不可使不知。樂天，知吾者也，吾不敢不使吾子知。』予辱斯言，三復其旨，大抵悔既往而悟將來也。」云云，正謂此事。）

微之之言，正受長恨歌傳末數語暗示。

晉書八四楊佺期傳：「弘農華陰人，漢太尉震之後也。曾祖準，太常。自震至準，七世有名德。祖林，少有才望，值亂没胡。父亮，少仕偽朝，後歸國，終於梁州刺史，以貞幹知名。佺期沈勇果勁，而兄廣及弟思平等皆强獷粗暴。自云門户承籍，江表莫比。有以其門第比王珣者，猶恚恨，而時人以其晚過江，婚宦失類，每排抑之，恒慷慨切齒，欲因事際以逞其志。佺期少仕軍府。」（晉書六五王導傳：子洽，洽子珣。）

宋書六五（南史七〇）杜驥傳：「高祖預，晉征南將軍。曾祖耽，避難河西，因仕張氏。苻堅平涼州，父祖始還關中。兄坦，頗涉史傳。高祖征長安，席卷，隨從南還。太祖元嘉中，任遇甚厚，歷後將軍、龍驤將軍、青冀二州刺史、南平王鑠右將軍司馬。晚度北人朝廷常以傖荒遇之，雖復人才可施，每為清途所隔，坦以此慨然。嘗與太祖言及史籍（中略），坦曰：「臣本中華高族，亡曾祖晉氏喪亂，播遷涼土，世葉相承，不損其舊，直以南度不早，便以傖荒賜隔。」

汪按：微之年譜：壬午十八年，（是歲，微之年二十四，以中書判第四等授校書郎，即傳奇言：「後歲餘，崔亦委身於人，生亦有所娶。」按：退之作微之妻韋叢誌曰：選壻得稹，始以選授校書郎。即與微之夢遊春「二紀初」「三星度」，所謂「有所娶」之言同。）

貞元十八年韋叢嫁時年二十歲，是年鶯鶯年十九歲，少韋氏一歲也。韓誌云：「夫人於僕射為季女，愛之，選壻得今御史河南元稹，稹時始以選校書秘書省中。」

汪按：己丑四年。（是歲娶韋氏，年二十七。）當作「是歲韋氏卒，年二十七。」是歲韋氏卒，見昌黎集二四韋氏墓誌；此言「娶韋氏」，又與上文矛盾，其為譌誤不待言也。（案：韓昌黎集二四監察御史元君妻京兆韋氏夫人墓誌銘：「年二十七，以元和四年七月九日卒，卒三月，得其年之十月十三日葬咸陽，從先舅姑兆。」）

## 周秦行紀　韋瓘撰

太后問余：「今天子爲誰？」余對曰：「今皇帝，先帝長子。」太真笑曰：「沈婆兒作天子也，大奇！」

舊唐書五十二后妃傳下代宗睿真皇后沈氏傳：「開元末，以良家子選入東宮，賜太子男廣平王。天寶元年，生德宗皇帝。祿山之亂，玄宗幸蜀，諸王、妃、主從幸不及者，多陷于賊，后被拘於東都掖庭。及代宗破賊，收東都，見之，留於宮中，方經略北征，未暇迎歸長安。俄而史思明再陷河洛。及朝義敗，復收東都，失后所在，莫測存亡。代宗遣使求訪，十餘年寂無所聞。德宗即位，下詔曰：『……上皇太后尊號。』建中元年十一月，遥尊聖母沈氏為皇太后，陳禮於含元殿庭。……仍以睦王述為奉迎皇太后使，工部尚書喬琳副之……，於是分命使臣，周行天下。……終貞元之世無聞焉。……憲宗即位之年九月，禮儀使奏『太后沈氏厭代登真，於今二十七載』云云。……其年十一月，册謚曰睿真皇后，奉神主祔於代宗之室。」

寅恪案：憲宗即位在順宗永貞元年（即八〇五年）八月，代宗崩於大曆十四年（即七七九年）五月。茲以代宗崩年為沈后崩年，從大曆十四年數至永貞元年，乃二十七年也。

天寶十五載（即七五六年）六月，玄宗幸蜀。

至德二年（即七五七年）十月壬子，復東京。

乾元元年（即七五九年）九月庚寅，史思明陷東京。

寶應元年（即七六二年）十月甲戌克東都。

## 附：李德裕周秦行紀論

余嘗聞太牢氏（涼國李公嘗呼牛僧孺爲「太牢」。涼公名不便，故不書）好奇怪其身，險易其行。以其姓應國家受命之讖，曰：「首尾三鱗六十年，兩角犢子恣狂顛，龍蛇相鬬血成川。」

涼國李公，李逢吉也。舊唐書一七二牛僧孺傳：「德裕南遷，所著窮愁志，引里俗犢子之讖以斥僧孺，又目為『太牢公』，其相憎恨如此。」

余讀國史，見開元中，御史汝南子諒彈奏牛仙客，以其姓符圖讖。雖似是，而未合「三鱗六十」之數。

天后朝有讖辭云：「首尾三鱗六十年，兩角犢子自狂顛，龍蛇相鬬血成川。」當時好事者解云：「兩角犢子，牛也。心有牛姓干唐祚。」（通鑑二一四開元二十五年四月及考異胡注引薛居正五代史。）柳河東集九故御史周君碣云：「在天寶年，有以諂諛至相位，賢臣放退。公為御史，抗言以白其事，得死于墀下。史臣書之。公之死，而佞者始畏公議。」

> 曆既有數，意非偶然，若不在當代，必在於子孫。須以「太牢」少長，咸置於法，則刑罰中而社稷安，無患於二百四十年後。

開元二十五年（即七三七年）四月辛酉，周子諒得罪。大中元年（即八四七年）十二月，李德裕貶潮州司馬。唐開國之武德元年為六一八年，故無論如何算起，至多亦為二百三十年。頗疑德裕此文為偽作。乃於武德元年後二百四十年，即大中十年以後。按：德裕死于大中三年，若作於大中十年以後，則久死矣。如自開元二十五年（七三七年）算起，經二百四十年，乃為北宋太祖開寶八年

（九七六年），必非指是明矣。

汪按：按周秦行紀一卷，郡齋讀書志取以著録小説類。下云：「唐牛僧孺自叙所遇異事。賈黄中以爲韋瓘所撰。瓘，李德裕門人，以此誣僧孺。」考宋張洎賈氏談録，即洎所聞於賈黄中者。中有一條云：「牛奇章初與李衛公相善。嘗因飲會，僧孺戲曰：『綺紈子何預斯坐！』衛公銜之。後衛公再居相位，僧孺卒遭譴逐。世傳周秦行紀，非僧孺所作，是德裕門人韋瓘所撰。開成中，曾爲憲司所覈，文宗覽之，笑曰：『此必假名，僧孺是貞元中進士，豈敢呼德宗爲「沈婆兒」也？』事遂寢。」晁氏所云，蓋本于此。

紀首明著貞元年號，此亦不足為反證也。

## 馮燕傳　沈亞之撰

讚曰：「余尚太史言，而又好叙誼事。其賓黨耳目之所聞見，而謂余道元和中外郎劉元鼎語余以馮燕事，得傳焉。嗚呼！淫惑之心，有甚水火，可不畏哉！然而燕殺不誼，白不辜，真古豪矣！」

劉元鼎，見新唐書吐蕃傳及唐番會盟碑等。

汪按：按馮燕事，在唐時盛傳。其見諸歌詠者，則有司空圖之馮燕歌，（麗情集以此歌爲沈下賢作，注文苑英華者，誤採之。沈但有傳，非嘗作歌也。集可考。）至宋曾布又演其事，爲水調大曲。皆本沈下賢傳而衍爲長篇者也。……唐音統籤卷七百四司空圖馮燕歌云：「……白馬賢侯賈相公，長懸金帛募才雄。拜章請贖馮燕罪，千古三河激義風。黃河東注無時歇，注盡波瀾名不滅。爲感詞人沈下賢，長歌更與分明說。此君精爽知猶在，長與人間留炯誡。鑄作金燕香作堆，焚香酬酒聽歌來。」

宋王明清玉照新志卷二載曾布水調七遍，排遍第七攧花十八云：「義城元靖賢相國，嘉募英雄士，賜金繒。聞此事，頻歎賞，封章歸印，請贖馮燕罪，日邊紫泥封詔，闔境赦深刑。萬古三河風義在，青簡上，衆知名。河東注，任流水滔滔，水涸名難泯。至今樂府歌詠，流入管絃聲。」

子宣大曲之詞，即用表聖詩語，蓋唐詩、宋詞其關係源流密切如此。

## 無雙傳　薛調撰

一日，〔劉〕震趨朝，至日初出，忽然走馬入宅，汗流氣促，唯言：「鏁却大門，鏁却大門！」一家惶駭，不測其由。良久，乃言：「涇原兵士反，姚令言領兵入含元殿，天子出苑北門，百官奔赴行在。我以妻女爲念，略歸部署。疾召〔王〕仙客與我勾當家事，我嫁與爾無雙。」

舊唐書十二德宗紀：「建中四年冬十月丁未，涇原軍出京城，至滻水，倒戈謀叛，姚令言不能禁。〔上〕與太子、諸王、妃、主百餘人出苑北門。戊申，至奉天。己酉，亂兵既剽京城，屯於白華，乃於晉昌里迎朱泚為帥，稱太尉，居含元殿。」

〔王〕遂中薦見仙客於京兆尹李齊運。齊運以仙客前銜爲富平縣尹，知長樂驛。累月，忽報有中使押領内家三十人往園陵，以備灑掃，宿長樂驛，氈車子十乘下訖。

舊唐書一三五李齊運傳：「〔李〕懷光既反，驅兵還保河中。齊運不能敵，棄城而走，除為京兆尹。貞元中，蝗旱方熾，齊運無政術，乃以韓洄代之。」寅恪案：舊唐書十二德宗紀：「興元元年四月己巳，以河中同晉絳節度使、御史大夫李齊運兼京兆尹。」「貞元元年六月丙子，以兵部侍郎韓洄為京兆尹。」又：「興元元年秋七月壬午，至自興元。」據此，李齊運之為京兆尹不過一年之久，大約在興元元年六七月以後始實任事也。王仙客若果知長樂驛累月，應在貞元元年矣。元和郡縣圖志一京兆府：「富平縣，代宗元陵在縣西北四十里檀山，順宗豐陵在縣東北三十三里甕金山。雲陽縣，德宗崇陵在縣東二里。」寅恪案：據元和志，富平西南至府一百五十里，雲陽西南至府一十里（唐縣故城約在今涇陽縣北三十里）。仙客於貞元初知長樂驛，則中使押領内家三十人所往之園陵當是代宗元陵也。但貞元之初，距代宗崩已有五歲之久，恐小説家不詳考事實，以意寫述。然此事聯接朱泚之亂後，故非指送往代宗元陵之宫人不可。此傳可與韓昌黎文集四豐陵行及白香山新樂府陵園妾參觀，但彼二詩皆為順宗豐陵而作也。

汪按：胡應麟莊嶽委談（筆叢四十一）云：「王仙客，事大奇而不情，蓋潤飾之過。或『烏有』、『無是』之類不可知。」胡氏致疑無雙，未必實有其人。然唐時有崔郊秀才者，寓居於漢上，蘊積文藝，而物産罄懸。亡何，與姑婢通，每有阮咸之縱。其婢端麗，饒彼音律之能，漢南之最也。姑貧鬻婢於連帥，連帥愛之，以類無雙。（無雙，即薛太保之妾，至今圖畫觀之。）給錢四十萬，寵盼彌深。郊思慕不已，即强親府署，願一見焉。其婢因寒食來從事家，值郊立於柳陰，馬上連泣，誓若山河。崔生贈之以詩曰：「公子王孫逐後塵，緑珠垂淚滴羅巾。侯門一入深如海，從此蕭郎是路人。」或有嫉郊者，寫其詩於座。帥覩之，令召崔生。左右莫測，郊深憂悔，無處潛逃。及見郊，握手曰：「『侯門一入深如海，從此蕭郎是路人』，便是公製作耶？四百千小哉！何惜一書，不早相示？」遂命婦同歸。至於帷幌奩匣，悉爲增飾之。小阜崔生矣。見唐范攄雲溪友議。此事既與王仙客事相類，而無雙爲薛太保之妾，且有圖畫流傳，亦可考見。薛調與范攄同爲咸通間人。（新唐書五九藝文志三：范攄雲溪友議三卷。（咸通時，自稱五雲溪人。）薛調，咸通十三年卒，年四十三。見唐語林。）或各摭所聞，筆諸篇籍。薛則直取向來豔傳之無雙，附會其事。而嗜奇之過，不中情理，反不如雲溪友議所載之崔郊切近人情也。明陸采撰明珠記劇本，即據此文。

連帥指于頔。

此無雙事無考，不必便與薛調所傳者同也。

新唐書一百十一薛仁貴傳附薛嵩傳：「大曆七年卒，贈太保。」案：紅綫為薛嵩青衣，原注之無雙疑即指袁郊所傳之紅綫也。俟考。

## 虬髯客傳　杜光庭撰

汪按：按虬髯客傳，唐志不載。宋洪邁容齋隨筆卷十二王珪李靖條，稱有杜光庭虬髯客傳云云。（中略）又按虬髯客事，頗爲人所樂道。然考之於史，殊多牴牾。（中略）竊以小説家言，本難徵信，惟虬鬚之稱，頗近文皇。……文人狡獪，或以太宗救解衛公之故，卒賴其勷助之烈，成不世之勳，以顛倒眩惑之辭，效述異傳奇之體，正小説家一時興到之戲語，不必根於事實也。

程大昌考古編九虬鬚傳條云：「李靖在隋嘗言高祖終不為人臣，故高祖入京師收靖，欲殺之。太宗救解得不死。高祖收靖，史不言所以，（寅恪案：新舊唐書靖傳已明言之，何謂史不言所以？）蓋諱之也。虬鬚傳言靖得虬鬚客資助，遂以家力佐太宗起事，此文士滑稽而人不察耳。又杜詩言『虬鬚似太宗』，小説亦辨人言太宗虬鬚，鬚可挂角弓。（寅恪案：今南部新書：「太宗文皇帝，虬鬚上可挂一弓。」酉陽雜俎亦謂：「太宗虬鬚，常戲張弓矢。」）是虬鬚乃太宗矣。而謂虬鬚授靖以資使佐太宗，可見其戲語也。」寅恪案：戲語恐非，以無所用其戲也。但大昌疑虬髯即指太宗，却有意義，可知宋人亦有疑此者矣。

資治通鑑考異八李靖素與淵有隙條：「柳芳唐曆及唐書靖傳云：『高祖擊突厥於塞外。靖察高祖，知有四方之志，因自鎖上變，將詣江都，至長安，道塞不通而止。』按：太宗謀起兵，高祖尚未知，知之猶不從。當擊突厥之時，未有異志，靖何以察知之？又上變，當乘驛取疾，何為自鎖也？今依靖行狀云：『昔在隋朝，曾經忤旨。及茲城陷，高祖追責舊言，公忼慨直論，特蒙宥釋。』但行狀題云『魏徵撰』，非也。按：徵以貞觀十七年卒，靖二十三年乃卒，蓋後人為之託徵名。又叙靖事極怪誕無取。唯此可為據耳。」

許敬宗撰李靖碑（金石録五一）：「（上闕）而渙汗流湯之旅，猶未倒戈；漸臺之衆，而嬰窮壘。故知玄天覆構，非斷鼇所持；巨壑騰波，豈精衛能□（塞）？公（下闕）引居周衛，申以心膂。太宗地居帝子，冥應寶圖，則哲欽明，内藴知臣之鑒；推心通夢，預納投□之（下闕）。」

宋范公偁過庭録云：「舊家多藏異書，兵火之後，無復片紙，尚記有一黄鬚傳云：李靖微時甚窮，寓於北郡一富家。一日，靖竊其家女而遁。行至暮，投一旅舍。飯罷，濯足於門，見一黄鬚老翁坐于側，且熟視，神色非常。靖恐富家捕己者，欲避之。頃於身皮篋中取一人頭切食，甚閒暇。靖異之，乃親就問焉。翁曰：『今天下大亂，汝當天下。然有一人在汝上，若其人亡，則汝當為王。汝可從我尋之。』靖隨翁數程，至汴州，見一大第中數人弈，翁同竚立，云：『不見其人矣。』頃有一披衣從中出視弈者，蓋太宗也。翁驚曰：『即此人當之，汝善佐其事。』遂别餞，留連久之，語靖云：

『此去四十五年，東夷中有一黄鬚翁殺其君而自立者，即我也。』靖既佐唐平亂，貞觀中，東夷果奏有黄鬚翁殺其君而自立。異哉！異哉！」（稗海）

王士禎池北偶談引范公偁過庭録，俞樾茶香室叢鈔十七黄鬚翁條亦引范公偁過庭録，可知本是黄鬚翁，後來之虬髯公，蓋因太宗之虬髯而轉易其名稱也。又太宗不能在汴州與黄鬚相遇，此後來改本之所以易為太原，較符史實也。又或者范氏所見即虬髯公傳，而記憶不真，因而致誤，亦未可知也。

又張齊賢洛陽縉紳舊聞記三白萬州遇劍客條，亦稱劍客「深目豐眉，紫黑色，黄鬚」，下文即以「黄鬚」呼之，可知宋初亦以劍客之鬚為黄色也。此可為「虬髯」本作「黄鬚」之旁證，而虬髯公乃因太宗之故而竄易又可知矣。

又白廷誨所遇之「黄鬚」在汴梁通利坊或洛陽通利坊，俟考。

鮮卑髯黄，見晉明帝事。太宗母本黑獺甥，疑其鬚或是黄色也。

野客叢書十四王珪母妻識見條云：「新唐書載王珪始隱居時云（與房玄齡、杜如晦善）。杜子美送重表姪王砅評事使南海詩云云。杜詩所載如是。詳觀詩言房杜來，沽酒留飲之意，似與傳文同。然此是珪妻杜氏，非關母李氏事。前輩往往疑之，終莫能辨。或以為傳誤，僕謂觀者正未必深泥，要得兼考，於理為得，傳言母李，而詩言妻杜，有以知婦姑皆賢，其高識遠見甚非常人所能及者。

母見房、杜，則謂：『二客公輔才，汝貴不疑。』妻見太宗，則謂：『子等成大名，皆因此人乎。』其事甚異。詩、傳互相發明，皆可為據也。（王鳴盛十七史商榷八十六卷「王珪隱居與房杜善」條）趙次公曰：「虬髯十八九，謂太宗。」又曰：「有虬髯公傳。」僕謂引虬髯公傳誤矣。此非太宗，乃李靖所遇之張三郎者。所謂虬髯公者，亦偉人云云。於是過海自立，為扶餘國王。其事甚明，見太平廣記。此事與陳希夷返華陰山意同。

舊唐書一一二李錡傳：以胡奚雜類虬鬚者為一將，名曰蕃落健兒。

## 冥音録　不著撰人

槲林歎、紅窗影等，每宴飲，即飛毦舞盞，爲佐酒長夜之歡。穆宗敕修文舍人元稹撰，其詞數十首，甚美。

微之之名重於唐時可證。

# 玄怪録　牛僧孺撰

## 張佐

叟曰：「吾宇文周時居岐，扶風人也。姓申名宗，慕齊神武，因改宗爲觀，十八，從燕公子謹征梁元帝於荆州。」

「觀」應為「歡」，「子」應為「于」。

後數日，有人於灰谷湫見之。叟曰：「爲我致意於張君。」

「灰」應為「炭」。

## 郭元振

汪按：明人輯唐人小説，有題爲烏將軍傳者。惟此文頗不類思黯，殊近李復言。

孫楷第謂此為西遊記猪八戒事所從出。

## 續玄怪録　李復言撰

汪按：按續玄怪録，唐李復言撰。復言生平，無可考見。太平廣記一百二十八引續玄怪録尼妙寂一條云：「太和庚戌歲，隴西李復言遊巴南，與進士沈田會於蓬州。田因話奇事。録怪之日，遂纂於此。」據此，則知復言固太和、開成間人矣。時牛僧孺方在朝列，勢傾中外。牛相早年有玄怪録之作，通行既久。復言乃續其書，舉所聞於太和間之異聞佚事，悉入纂録。傳至宋初，遂有兩本：其一爲五卷本，唐書藝文志及宋陳振孫書録解題所著録是已；其一爲十卷本，晁公武讀書志所著録是已。

昭德先生郡齋讀書志三下小説類：「續玄怪録十卷，右李復言撰，續牛僧孺書也。」

崇文書目三小説類下：「玄怪録十卷，牛僧孺撰；續玄怪録十卷，李復言撰。」

直齋書録解題十一：「牛僧孺玄怪録十卷；李復言續玄怪録五卷，云唐志十卷，又言館閣書目今但有十一卷，而無續録。」

趙士煒中興館閣書目輯考四小説類下云：「此應在瀟湘録前，宋志不載續録。」寅恪案：宋志實載續録，趙氏失檢。

南部新書甲：「李景讓典貢年，有李復言者納省卷，有纂異記一部，十卷。牓出曰：『事非經濟，動涉虛妄，其所納仰貢院驅使官却還。』復言因此罷舉。」寅恪案：舊唐書一八七下忠義傳李憕傳附景讓傳：「〔開成〕四年，入為禮部侍郎。五年，選貢士……。」則復言於開成五年納省之纂異記十卷，當即續玄怪録之別名也。又新唐書一七七李景讓傳謂：「元和後，大臣有德望者，以居里顯，景讓宅東都樂和里，世稱清德者，號『樂和李公』云。」然則復言之納纂異記，不關經濟，動涉虛妄者，本當時風氣，如雲麓漫鈔所言。不過適值己後知貢舉不喜此類文章，復言所以被放，亦不幸也。

徐松唐登科記考二十一。

汪按：宋志小說類既收李復言續幽怪録五卷，同類又收李復言搜古異録十卷。搜古異録不載唐志，或即續幽怪録十卷本之誤。宋志一書異稱，多兩載。

宋史二〇六藝文志五小說類：牛僧孺玄怪録十卷，李復言搜古異録十卷。

說郛一一八有李玫纂異記，太平廣記亦引多條，未知李玫即復言之名否？又廣記二一九梁革條，注作「出續異録」，又廣記引有續異記。

## 杜子春

〔老人〕曰：「給子今夕。明日午時，候子於西市波斯邸，愼無後期。」……

汪按：杜子春一篇，意在斷絕七情；此文極言仙凡之別，皆受佛道思想所薰化者也。

波斯邸在長安西市。

日人謂此亦有火祆教關係。

## 遊仙窟　張文成撰

十娘答曰：「兒是清河崔公之末孫，適弘農楊府君之長子。孰成大禮，隨父住於河西。蜀生狡猾，屢侵邊境。兄及夫主，棄筆從戎，身死寇場，煢魂莫返。兒年十七，死守一夫；嫂年十九，誓不再醮。兄即清河崔公之第五息，嫂即太原公之第三女。別宅於此，積有歲年。室宇荒涼，家途翦弊。不知上客從何而至？」

蜀生指吐蕃無疑，他處似未見此名，俟考。

汪按：按張文成遊仙窟一卷，唐時流傳日本。書凡數刻，中土向無傳本。余舊藏鈔本，卷首有「平等閣」及「忠州李士棻隨身書卷」二印記，卷尾有「壬午三月，借遵義黎氏影寫本，重校」小字一行，乃知此本爲芋仙舊藏。芋仙與蒓齋有縞紵之雅。黎氏在日本，刻古逸叢書，嘗以初印本寄李，李累索之，不以爲貪。則此本原鈔，或即出諸黎氏，未可知也。原鈔卷首，題「寧州襄樂縣尉張文成作」，世因定爲唐張鷟所撰。鷟字文成，深州陸澤人。兩唐書並附見張薦傳。

（包敬第輯録）

新唐書三七地理志一：「寧州彭原郡，望。本北地郡。天寶元年更名。縣五：襄樂，緊。」舊唐書三八地理志一：「關内道寧州上。隋北地郡。武德元年，改北地郡為寧州。天寶元年，改為彭原郡。乾元元年，復為寧州。襄樂，隋縣。」

# 沙州文録補遺附録之部

蔣斧　輯

羅福萇
羅福葆　編

一九二四年上虞羅氏編印

# 目次

大雲經疏……二九一
先天二年殘户籍……二九二
敦煌懸泉鄉殘户籍……二九三

## 大雲經疏

交七爲身者，謂女字也。傍山之下到出聖人者，傍山謂婦邊帚字，上傍安山字也。倒出謂帚字之下到作出字，即婦字也。此乃重顯　神皇聖德也。

卷四大雲初分涅槃健度第三十六。

經曰：舍利不可得。假使蚊子脚，堪任作橋梁，能度一切衆，舍利乃可得。……假使小舟船，能㩉須彌山，度於大海水，舍利乃可得。如此譬喻，其數實多。首有「假使恒河中，駛流生蓮花」。後有「假使鼠蟲等，緣於兔角梯，在上而食月」。末有「假使小鳥雀，嘴銜大香山」等句，故云「如此譬喻，其數實多」。

新唐書七十六高宗則天順聖皇后武氏傳：作曌……㐭……十有二文。

卷四。

經云：汝於爾時，實是菩薩，爲化衆生，現受女身。

又案衛元嵩讖云：兩角騏驎兒，世民皆不識。長大威儀成，獻者得官職。

陳子昂感遇詩之九：「聖人秘元命，懼世亂其真。如何嵩公輩，詼譎誤時人？先天誠為美，階亂禍誰因？長城備胡寇，嬴禍發其親。赤精既迷漢，子年何救秦？去去桃李花，多言死如麻。」

大雲無想經卷六大雲初分增長健度第三十七之餘。黑，今本作闇。

經曰：彼國有河，名曰黑河。

此經本文既係涼譯，而非偽造，故「偽經」之句微有語病。

又此疏之成，蓋與偽經同頒天下，故敦煌寺中尚藏此殘卷。

## 先天二年殘户籍

倫敦博物館藏敦煌卷斯坦因九二二二號云：敦煌郡敦煌縣西宕鄉高昌里散陰懷年十五　母高年六十三　丁男〔一〕　女〔口一〕　凡口〔二〕　居趙羽塢　建初十二年正月籍　（通報一六卷四六九

至七十頁） 寅恪案：陰懷年十五之十字上，若無脱文，則十五已成丁，與晉武十六為丁之制又減一歲矣。

## 敦煌縣泉鄉殘户籍

東洋學報十六卷二號載天寶六載户主程恩楚。

（周一良輯録）

# 敦煌零拾之部

羅振玉　輯

一九二四年上虞羅氏自印本

# 目次

佛曲三種
其一（須達起精舍因緣曲）……二九九
其二（維摩詰經文殊師利問疾品演義）……三〇一
其三（有相夫人生天因緣曲）……三一〇

# 佛曲三種

## 其一（須達起精舍因緣曲）

吉藏金剛般若疏卷一：問何因緣故起立此祇園精舍？答如十二由經、涅槃經、賢愚經等廣說。如賢愚經第九卷云……

> 即至七里澗邊直至尼拘樹下。

Nyagradha，Banyan tree 榕樹，Ficus indica。

> 六師所要，朕自祇供……六賊縱橫不能染，將知定力不思議。

支謙譯義足經上異學角飛經第十梵志六世尊：

一、不蘭迦葉

二、俱舍摩卻梨子

三、先跪鳩墮羅知子
四、稽舍今陂梨
五、羅謂娑加遮延
六、尼焉若提子

維摩詰經弟子品彼外道六師：

一、富蘭那迦葉。什曰：其人起邪見，謂一切法無所有，如虛空也。Pūraṇa Kaśayapa。

二、末伽梨拘舍梨子。什曰：其人起見，云衆生罪垢無因無緣也。Maskarī goçalīputra。

三、刪闍夜毗羅胝子。什曰：其人起見，謂久經生死，彌歷劫數，然後自盡苦際也。Saṁjayī Vairaḍīputra。

四、阿耆多翅舍欽婆羅。肇曰：其人著弊衣，自拔髮，五熱炙身，以苦行為道，謂今身併受苦，後身常樂者也。Ajitakeça Kambala。

五、迦羅鳩馱迦旃延。什曰：其人應物起見，若人問言有耶？即答言有。問言無耶？即答言無也。Kakuda Kātyāna。

六、尼犍陀若提子。什曰：其人起見，謂罪福苦樂盡由前世，要當必償。今雖行道，不能中斷。

Nirgrantho-jñati-putra。

又見涅槃經十九、止觀十上、根本説一切有部毗奈耶雜事三十八、翻譯名義集卷二第二十六師篇。

## 其二（維摩詰經文殊師利問疾品演義）

藏文法戒譯聖無垢稱所説大乘經，一〇二五存、一一〇〇。

Ārya-vimalakīrti-nirdeśa nāma mahāyāna sūtra

宋智圓維摩經略疏垂裕記卷一：

一、佚　後漢嚴佛調譯古維摩經一卷。

二、存　吴支謙譯維摩詰〔所〕説不思議法門經兩卷。二二二、二五三。

三、佚　西晉竺法護譯維摩詰所説法門經一卷。

四、佚　西〔晉〕竺叔蘭譯毗摩羅詰經三卷。

五、存　後秦鳩摩羅什譯維摩詰所説經三卷。弘始八年於大寺出，六四五、六六四。

六、唐玄奘譯説無垢稱經六卷。

又西晉竺叔蘭譯異毗摩羅詰經二(三卷)，竺道祖録。竺支雜録：元康六年出。歷代三寶記六：支敏度合維摩詰經序。

出三藏記集第五：齊末太學博士江泌女尼子所出二十一經，從中有維摩經一卷。尼子所出諸經，本皆僞造，不知其内容是否與佛喻經或譬喻經所言者異同如何？

敦煌卷子有維摩詰經十四品詩，其文殊問疾品第五云：居士難酬對，文殊往問之。衆生既有病，菩薩亦同疵。扁鵲安能療，祁婆不可治。但當一切愈，從此遂無斯。

　　其他小小之徒，實且故非難往。

實且下，故非上，疑奪二字。

　　失來妙德，亦是不堪。

僧肇曰：文殊師利，秦言妙德。

　　於是庵園會上，敕喚文殊。

唐菩提流志文殊師利法寶藏陀羅尼經：爾時世尊〔復〕告金剛密積主菩薩言：我滅度後，於此贍部州（洲）東北方，有國，名大振那。其國中有山，號曰五頂。文殊師利童子游行居止，諸衆生，於中説法。

〔庵園，梵文作〕Āmrapālī。

吾爲維摩大士，染疾毗耶；金粟上人，見眠方丈。

鳩摩羅什譯維摩詰所説經佛道品第八：爾時會中有菩薩名普現色身，問維摩詰言：居士，父母妻子親戚眷屬〔吏民知識〕悉為是誰？於是維摩詰以偈答〔曰〕：智度菩薩母，方便以為父。一切衆導師，無不由是生。法喜以為妻，慈悲心為女，善心誠實男，畢竟空寂舍。

秦譯佛道品第八：爾時會中有菩薩名普現色身，問維摩詰言：居士，父母妻子親戚眷屬吏民知識悉為是誰？奴婢僮僕象馬車乘皆何所在？於是維摩詰以偈答：智度菩薩母，方便以為父。一切衆導師，無不由是生。法喜以為妻，慈悲心為女，善心誠實男，畢竟空寂舍。吉藏浄名玄論卷二因無因門：生身父母者，佛喻經云：浄名姓碩，名大仙，王氏。別傳云：姓雷氏，父名那提，此云智基。母姓釋氏，名喜，年十九嫁。父年二十三婚，至二十七，於提婆羅城内，生維摩。維摩有子，字曰善思，甚有父風，佛授其記，未來作佛。別有維摩子經一卷，可尋之也。

吉藏維摩詰經義疏卷一：舊傳云：佛譬喻經説浄名姓王氏。別傳云姓雷氏。祖名大仙，父曰那提，此云智慕。母姓釋氏，字喜，年十九嫁。父二十三婚。子曰善思，甚有父風，如來授記，未來作佛。吉藏未得彼經文也。

西晉法護譯佛説大方等頂王經，一名維摩詰子問〔經〕（善思童子）。梁月婆首那譯大乘頂王經（善思惟）。隋闍那崛多譯善思童子經二卷。以上三經同本。

隋闍那崛多譯月上女經二卷。維摩羅詰妻名離（無）垢「可熹」。

道世諸經要集二十雜行緣條以無垢為句，恐非。

大通方廣經敦煌寫本舍利弗語有維摩詰經香積佛品事。又，法顯譯六卷本方等泥洹經序品，有無垢稱王優婆塞，即曇無讖本壽命品之威德無垢稱王優婆塞，或亦與維摩詰有關。但大通方廣經殆支那偽作，不足據也。

玄奘西域記卷七吠舍釐國：有窣堵波，是毗摩羅詰故宅基址，多有靈異。去此不遠，有一神舍，其狀壘磚，傳云積石，即無垢稱長者現疾説法之處。去此不遠，有窣堵波，長者子寶積〔之〕故宅也。

道世法苑珠林廿九感通篇聖跡部：大唐顯慶年中，敕使衛長史王玄策因向印度，過净名宅，以笏量基，止有十笏。蓋王玄策傳文也。

文選五十九頭陀寺碑文：金粟來儀。李善注：發跡經云：净名大士是往古金粟如來。復禮十門辯惑論通力上感門注：吉藏師云：金粟事出思惟三昧經，自云未見其本。今檢諸經目録，無此經名。竊未(謂)西國有經，東方未譯者矣。發跡經及思惟三昧經殆皆偽經，與佛譬喻經同也。

唐復禮十門辯惑論卷上通力上感門第一稽疑曰：竊見維摩神力，掌運如來，但十地之觀，如來尚隔羅縠，如何一掌之內，能容十號之尊乎？辯惑曰：（上略）豈惟羅縠之喻，比而可通。亦將金粟之名，傳而有據〔者〕也。宋睦庵著八卷祖庭事苑一華嚴疏云：菩薩智與如來智如明昭，人隔輕縠睹衆色像。維摩經菩薩行品：維摩詰即以神力，持諸大衆并師子座，置於右掌，往詣佛所。菩薩行品有一切衆會皆作金色之語。又毗耶離之耶離為稻或粟之義。其稱金粟，殆以此耶？待考。

天台維摩詰經玄疏卷五：舊云金粟如來，未明所出。

　　光嚴則辭退千般。

光嚴童子也。

　　詰病本之因由，陳金仙之懇意。

釋氏稽古略四：宋徽宗宣和元年，詔改佛為大覺金仙。

觀無量壽經：一時下方金光佛刹乃至上方光明王佛刹。

　　況乃汝久成證覺，果滿三祇。

菩薩階位有五十，分為三阿僧祇。第一為十信十住十行十迴向之四十位。第二為十地之初地至七地。第三為八地至十地。第十地卒則成佛。

Asaṁkheyakalpa 阿僧祇為數之極，即一千萬萬萬萬萬萬萬兆。此謂三阿僧祇劫之長時間也。

爲七佛之祖師，作四生至慈父。

jarāyuja 胎生，aṇḍaja 卵生，sanisvedja 濕生，upapāduka 化生。Caturyoni 四生。

衆中彌勒又推辭。

贊寧大宋高僧傳卷三譯經傳論云：龜兹不解天竺語，呼天竺為印特伽國者，因而譯之。北平圖書館藏敦煌寫本佛説諸經雜緣喻因由記第四故事彌勒受記成佛緣：彌勒者，梵音輕也，是足梵語彌頂勒迦，唐言慈氏。

啓三界慈尊，問於會上。

欲界、色界、非色界，其實最初乃上中下三層也。

六通每朝興教綱，三途長日救輪回。

地獄、餓鬼、畜生三塗。又，四解脱經説大血刀三塗，恐不可信。

六通者，天、人、阿修羅、地獄、餓鬼、畜生六道也。

聲聞五百，證八智於身中；菩薩三千，超十地於會上。

華嚴十地品：十地，一、歡喜地，二、離垢地，三、發光地，四、焰慧地，五、極難勝地，六、現前地，七、遠行地，八、不動地，九、善慧地，十、法雲地。

欲界四法智，上二界四類智，共為八智。

伏以維摩居士，具四般之才辯。

義、法、詞、樂説四無礙智，見智度論二十五、涅槃經十七。

法無礙、義無礙、詞無礙、辯無礙等四辯，見俱舍論二十七。

金粟尊，號調御，示現白衣毗耶住。

西域記卷二天竺：衣裳服玩，無所裁製，貴鮮白，輕雜彩。

大智度論卷二：富樓沙，秦言丈夫；曇藐，秦言可化；娑羅提提(衍)，秦言調御〔師〕。此為佛十號之一。Puruṣa-damya-sārathi。

必使天龍開道眼，教伊八部悟深因。

天、龍、夜叉、乾闥婆、阿修羅、迦樓羅、緊那羅、摩睺羅迦。

空中散百種之花，地上排七珍之寶。

七珍之寶：梵文阿彌陀經：金 suvarṇa、銀 rūpya、琉璃vaiḍūrya、玻瓈sphaṭika、硨磲musāragalva、赤珠rohita-mukta、瑪瑙 açmagarbha。

散香花，乘寶象，獅子金毛最爲上。

賢愚經十三、報恩經七：昔有一師子，曰堅誓，身毛金色。時有大獵師見師子身毛金色，欲剥其皮奉國王。文殊乘金毛師子。

獅子骨崙前後引。

西域記一：自素葉水城至羯霜那國，地名窣利，人亦謂焉。文字語言，即隨稱矣。

太平廣記卷三百四十鬼類盧頊：夜夢一老人騎大獅子，獅子如文殊所乘，毛彩奮迅，不可視。旁有二崑崙奴操轡。可為確證也。按，此節出幽通録。

南海寄歸内法傳卷四第三十四西方學法注：然而骨崙速利，尚能總讀梵經……(Pulo Condore)意指崑崙奴，即獅奴也。速利即疏勒，見本傳卷一第九受齋儀軌。

本傳卷一序論止掘倫洲亦即此。

義浄大唐西域求法高僧傳下貞固律師弟子孟懷業傳云：至佛逝國，解骨崙語。

慧琳一切經音義卷六十一根本説一切有部毗奈耶大律第三十二卷音破舶條云：司馬彪注莊子云：海中大船曰舶。廣雅：舶，海舟也，入水六十尺，驅使運載千餘人，除貨物。亦曰崑崙舶，運動此船，多骨論為水匠。

葉適習學記言卷四十八吕氏文鑒寇準論澶淵事宜云：寇準初相，倉卒奉上以行，當時相傳畢士安有相公交取鶻崙官家高瓌，有此處好喚宰相吟兩首詩之語，其為策略可見矣。

朱子語類：乾是鶻淪一個大的物事。文集：聖人之言自有條理，非如後人鶻圇籠統無分別也。

案，此謂渾渾飩之意，不知與此處合否？

又，西厢記借厢齣曰：鶻伶緑老不尋常。此指紅娘眼睛溜波而言，似與此處言師子之騰動較適合。

臨濟義玄語録：師見僧來，展開兩手。僧無語，師云：會麽？云：不會。師云：渾崙擘不開，與子兩文錢。

金盈之醉翁談録四京城風俗記九月條：又以泥為文殊菩薩騎獅子像，蠻人牽之，以置糕上。案，盈之為南宋人，而所記為北宋汴梁舊俗，然則北宋時猶塑作骨崙黑奴之形，故以為蠻人也。

庵園會上遥瞻禮，方丈筵中瑞彩開。

隋書八十三高昌傳：〔麴堅〕於坐室畫魯哀公問政於孔子之像。

大集經四十五日藏分護塔品：復以閻浮提内于闐國中水河岸上牛頭山邊近河岸側瞿摩娑羅香大聖人支提住處，付囑吃利呵婆達多龍王守護供養。

## 其三（有相夫人生天因緣曲）

謹按藏經説西天有國名歡喜，有王歡喜王。

Daṇḍaka 林之 daṇḍaki 王而名 Sarabhaṅga 本事（巴利文V.133.27bb.）及其他。

梵文耆那教書與 Nanda 音相近字形亦略似 Nanda，譯歡喜，故成為國名王名歟？俟考。

國王見此心驚怪，嬪彩皆言悟一人。

彩，内典習作婇。

佛子。

鳴沙餘韻第八十二：維摩經押座文□行之旁多題「念菩薩佛子」、「佛子」等字。

（榮新江輯録）

# 陳寅恪集後記

我們從小就知道全家最寶貴的東西是父親的文稿。從抗戰逃難直至「文化大革命」，父親文稿都是用全家最好的箱子裝載，家人呼之為「文稿箱」。避日軍空襲時，首先要帶的就是「文稿箱」。出版父親文集自然是父母，也是我們姐妹最大心願。

父親一生坎坷，抗日烽火中，顛沛流離，生活窘迫，雙目失明，暮年骨折卧床，更經痛苦。然而無論世道變換，病殘齊至，始終未曾間斷學術創作。而父親為學一貫堅持「獨立之精神，自由之思想」，「未嘗侮食自矜，曲學阿世」。如今父親全集出版，學界儻能於研究父親著述時，更知父親此種精神之所在，則為我們姐妹辛勞的最高報償。

一九六二年胡喬木同志來訪，談及文稿，父親直言：「蓋棺有期，出版無日。」胡答：「出版有期，蓋棺尚遠。」父親聽了很高興，以為有望見到文集面世。豈知「文化大革命」開始，父母備受摧殘，蒼涼離世，終未能見到陳集出版。父親生前已將出版文稿重任託付於弟子蔣天樞先生，不料文稿在「文革」中竟被洗劫一空，片紙不留。「文革」結束後，我們姐妹將歷經曲折於一九七八年五月追回的父親文稿，送交蔣天樞先生。蔣先生沒有辜負父親囑託，付出艱巨勞動，於一九八〇年主持出版了陳寅恪文集，由上海古籍出版社刊行，這只是父親文字的一部分。一九八八年六月，蔣天樞先生不幸突然病逝，於是我們姐妹繼續收集整理父親的文字。

現在出版的陳寅恪集，是在上海古籍出版社所刊印之陳寅恪文集基礎上進行的，增加了陳寅恪詩集(附唐篔詩存)，書信集，讀書札記一集(舊新唐書之部)、二集(史記、漢書、晉書、唐人小説等之部)、三集(高僧傳之部)，並講義及雜稿(兩晉南北朝史講義、唐史講義、備課筆記、論文、講話、評語、聽課筆記等)。一九八〇年出版的寒柳堂集，金明館叢稿初編、二編，隋唐制度淵源略論稿，唐代政治史述論稿，元白詩箋證稿，柳如是别傳諸集，此次出版時作了校對，除寒柳堂集中詩存併入詩集，寒柳堂記夢未定稿據一九八七年六月收回的殘稿作了校補外，其餘編排均不作變動，因父親生前託付蔣天樞先生代為出版文集過程中已親自審定文集編目及有關事宜，故仍按父親原意進行。而此次刊行全集所增補之内容，則是期望從不同角度反映父親的學術生涯。

父親的文稿墨跡命運亦如其人，頻遭劫難，面世困難。抗戰時已遺失了多箱撰有眉識的書籍，其中有的被戰火焚燬，有的在運輸途中被盜，或存放親友處丢失，現下落不明，難覓其蹤。這些皆為父親「廿年來所擬著述而未成之稿」，如蒙古源流注、世説新語注、五代史記注、佛教經典之存於梵文者與藏譯及中譯合校、巴利文長老尼詩偈集中文舊譯並補譯及解釋其詩等等(見一九四二年九月廿三日父親致劉永濟信)。而父親晚年整理就緒準備出版的文稿，於「文革」中全被查抄，「文革」過去撥亂反正後，雖於一九七八年五月及一九八七年六月兩次收回詩文稿，但仍未全部歸還。即便抗戰勝利後在清華大學授課、研究之講義、資料等，亦未曾得見。總之，散落在各處的文字，迄今尚有部分未能獲見。這次刊印父親文集，因其為目前所收集之最全者而拟名「陳寅恪全集」，轉又考慮到其實並不能「全」，故稱「陳寅恪集」。

此次父親遺作付梓，三聯書店非常重視，投入很大力量以保證質量；同時我們得到父母親朋故舊，海內外學者弟子，我們姐妹的友人以及相識或不相識的各界人士支持幫助。首先感謝蔣天樞先生一九八〇年於上海古籍出版社主持出版了陳寅恪文集，黄萱先生協助蔣先生做了不少工作。校補寒柳堂記夢未定稿及參與輯錄並審閱讀書札記等多位先生亦於此一併致謝。在我們收集父母詩文書信資料過程中，劉節先生的夫人錢澄女士，華忱之先生等將珍藏了多年「文革」劫後幸存的父親書函贈送，各種支持幫助不勝枚舉，難以一一敬列，在此謹向一切參與、推動、幫助、支持出版陳寅恪集的人士表示衷心感謝。

歷經十年的艱難曲折，陳寅恪集終於面世，當此之時，我們百感交集，真不知何以表述其經過於萬一。出版陳集為中外學者深望，此書之所以遲至今日方能面世，其間有許多我們始料未及的困擾，於此無需細述。而今陳集業已付印，我們希望以此集告慰逝去的父母，父親自謂「文字結習與生俱來，必欲於未死之前稍留一二痕跡以自作紀念」，他於「賸有文章供笑駡」之時，尚望「後世相知儻破顏」。我們更希望將父親的這些文字，作為祖國文化遺產，獻給後世相知。

陳流求
陳美延 謹述　一九九九年七月三日父親誕生一百零九週年

# 陳寅恪集再版說明

三聯書店出版的陳寅恪集十三種十四册，自二〇〇一年一月至二〇〇二年五月面世後，時逾八載。現藉再版重印的機會我們做了少量校勘修訂工作，如：糾正個別誤字、圖片説明；唐代政治史述論稿對照手寫本唐代政治史略稿，個别詞句作了變動；略增改書信集、詩集中的某些注釋；更正書信集中致傅斯年、致胡適、致聞宥少數函件的時間認定，編排順序也相應有所變動。但未及增補近年來新發現的一些陳寅恪信札、詩作，亦屬憾事。

在此，特向熱心提供資料及指出陳寅恪集中訛誤的讀者朋友，致以衷心謝忱！並希望此次再版重印後仍一如既往得到大家的支持和幫助。

陳流求 陳美延　二〇〇九年四月